BEN LADEN ou KYOTO ?

Orienter l'occident plutôt qu'occire l'orient.

Toutes les frontières sont une cicatrice de l'histoire, un gaspillage, et annonçant un crime.

ISBN : 2-7475-4342-0

Bernard CORNUT

BEN LADEN ou KYOTO ?

Orienter l'occident plutôt qu'occire l'orient.

L'Harmattan
5-7, rue de l'École-Polytechnique
75005 Paris
FRANCE

L'Harmattan Hongrie
Hargita u. 3
1026 Budapest
HONGRIE

L'Harmattan Italia
Via Bava, 37
10214 Torino
ITALIE

Sommaire

Avant-propos

Les pupitres de nos petits bureaux en bois claquaient dès que le professeur sortait. Sur 30 élèves nous n'étions que 2 à claquer 1, 2, 3… 1, 2, 3. Al-gé-rie al-gé-rienne. Les autres claquaient Al-gé-rie fran-çaise 1, 2, 3… 1, 2. Vers 1961, c'était ma première résistance non violente à une politique de répression contre la résistance organisée, et aussi violente, à l'occupation coloniale. Je ne regardais pas alors le vaste horizon de l'humanité, la profondeur de l'histoire. A Paris mon grand frère et ses copains gardaient la porte de l'UNEF dans le Quartier Latin, pour prévenir des attentats de l'OAS. La durée légale du service militaire français était de 27 mois ; un villageois des Monts du Lyonnais où je passais mes vacances était parti là-bas, en Algérie.

En famille on priait aussi pour la paix au Vietnam et le vendredi on ne mangeait presque que du riz ; mes parents soutenaient un organisme caritatif œuvrant là-bas. J'étais proche de mon grand-père qui avait été embarqué pour Salonique à l'automne 1914, alors qu'il n'avait presque jamais quitté son village. Le peu qu'il connaissait du monde avant ce voyage, c'était l'orange de Noël. Enfant je me demandais comment mes parents avaient pu vivre au quotidien pendant les années de guerre 1939-45, au vu de toutes les images de bombardements, de destructions, de résistance, de répression que nous voyions dans les livres, les films, les « actualités », des expositions. Tout cela était très proche dans les mémoires.

Je me souviens de Suez en 1956, et surtout de la guerre des Six Jours, survenue le 5 juin 1967 malgré les avertissements du général De Gaulle. Il suffisait de lire les divers quotidiens du jour pour constater la manipulation immédiate montée pour faire croire à une riposte, alors que l'attaque éclair des aérodromes égyptiens était bien préparée d'avance. J'appris 3 ans plus tard que, dans les rues des quartiers arabes de Jérusalem des plaques en hébreu avaient été aussitôt posées par l'autorité nouvelle occupante. Je me souviens de la photo des godillots abandonnés par les soldats dans le désert, à la une d'un magazine. Il a fallu 30 ans pour apprendre aussi les soldats enterrés vivants, blessés ou morts, dans les sables. Il a fallu 40 ans pour connaître les entretiens secrets de Sèvres qui avaient préparé la combine militaire anglo-franco-israélienne de Suez.

L'Iraq, je l'ai découvert pendant mes vacances de l'été 1969, arrivant en auto-stop dans un camion dont le chauffeur palestinien transportait des tôles entre le port syrien de Lattaquié et le Koweït, pour la construction des réservoirs de pétrole. Je revis les mêmes scènes communes aux émigrés de 1948, un peu plus tard à Paris, dans le film de l'égyptien Tawfiq Salah *Les Dupes,* sur une nouvelle de Ghassan Kanafani, écrivain palestinien…, que le jeune commando Ehud Barak a très brièvement connu… « Un rien sépare l'instant de l'éternité » dit René Char. Quelques balles et un silencieux, dans son appartement non loin de la plage à Beyrouth.

Installé au Liban en 1975 pour mon travail d'ingénieur, j'y ai vu préparer la guerre civile, par l'entretien des rivalités ; les cigarettes américaines de contrebande faisaient concurrence à la Régie libanaise des tabacs et aux paysans du sud qui venaient grossir la banlieue de Beyrouth. Un des rares députés de gauche avait été assassiné. J'étais sur les hauteurs de Beyrouth quand des fusillades ont éclaté autour d'un bus palestinien, un dimanche d'avril ; je redescendis lundi matin avec la moto que m'avait vendu Michel Seurat et je me dis « ça va faire 500 morts ». Il y en eu plus de 50000, en une tragédie à épisodes et retournements d'alliances qui déchira le Liban pendant 15 ans.

Au printemps 1979 j'arrivai pour travailler en Iraq comme expert en irrigation pour les Nations-Unies. J'ai suivi attentivement dans la presse française le sommet des Non-Alignés à La Havane, en septembre. Ce mouvement représentait alors un espoir pour le développement du tiers monde. J'ai repéré et découpé un petit article : présent à ce sommet le président iraqien avait proposé un fonds international de solidarité, financé par une taxe sur l'énergie et cogéré par les pays industrialisés et les pays producteurs de pétrole. Qui y a prêté attention alors, en septembre 1979, dix-huit ans avant le protocole de Kyoto ?

C'était l'époque du 2ème choc pétrolier, puis à Noël l'invasion de l'Afghanistan par l'armée soviétique, provoquée par des manipulations américaines, avouées 20 ans plus tard. Dès le retour de l'Imam Khomeyni à Téhéran en février 1980, et puis surtout au printemps, je voyais préparer la guerre, monter les tensions, les expulsions. De très nombreux attentats et bombardements perturbaient l'ordre... et le travail de mon équipe agricole près de la frontière Iraq Iran au Kurdistan d'Iraq où je développais des pépinières de plants de tabac. A un haut fonctionnaire français qui me demanda à Paris en août 80 « Vont-ils aller jusqu'à la guerre ? », je répondis « Oui parce que personne ne les retiendra ». La guerre Iraq Iran dura 8 ans, jusqu'au 20 août 1988, entretenue par des ventes d'armes bien dosées pour qu'elle se prolonge sans vainqueur ni vaincu ; elle fit plus d'un million de morts.

Vivant et travaillant dans un pays en guerre, voyant parfois mes techniciens partir pour le front, je ne pouvais pas rester à l'écart, et j'avais de nombreux contacts, entretenus après m'être réinstallé en France en 1982. En 1986 certains communiqués des détenteurs d'otages français au Liban réclamaient l'arrêt du soutien français à l'Iraq en guerre avec l'Iran. Au printemps 1988, je suis intervenu à Bagdad même, par mes relations personnelles d'alors, pour améliorer la rédaction d'une partie du projet d'accord de cessez le feu. La version d'alors, encore refusée par l'Iraq, prévoyait parmi d'autres dispositions qu' « *il sera créé une commission internationale qui déterminera le responsable dans le déclenchement de la guerre* ». Je proposai d'écrire « *les responsabilités* ».

Cette formulation a été acceptée 2 jours plus tard en haut lieu à Bagdad, où la diplomatie officielle ne cessait de rappeler les centaines de violations aux frontières survenues avant septembre 1980, violations dûment notifiées aux Nations Unies. J'ai transmis cette formulation moins tranchée à Edgard Pisani, alors conseiller à l'Elysée, que j'avais souvent vu pendant la cohabitation, surtout en 1985 et 1986. Il m'avait dit un jour : « Il y a 2 sujets sur lesquels Mitterrand et Chirac ne se parlent pas, les otages français au Liban et la guerre Iraq Iran ».

Quand le scandale de l'Irangate a éclaté en 1986, j'ai lu peu après dans la presse américaine[1] le nom d'un compte bancaire en Suisse, GIM pour Global Islamic Movement. Ce compte était désigné comme ayant servi pour le paiement de l'acompte sur un marché d'armes manigancé par le conseiller dit antiterroriste du gouvernement israélien avec l'américain Colonel Oliver North, les marchands d'armes Ghorbanifar et

---

[1] New Herald Tribune.

Khashoggi, et quelques autres. Je me suis tout de suite dit qu'il fallait y voir de plus près, identifier qui se cachait derrière ce compte GIM, mais que, vu le secret bancaire suisse, l'investigation n'irait pas loin. Certes la commission Tower[1] a mené une enquête publique sur l'affaire Iran/Contra, et décrit avec minutie les faits et enchaînements ; mais elle n'a pas cherché très loin en amont dans la genèse des intentions. En recevant l'équipe de John Tower, le président Reagan avait demandé « que tous les faits soient révélés ». Quant aux intentions... Je repensais à cela récemment en entendant le président G.W. Bush confondre allégrement les concepts de « capacité à développer », d'intentions supposées, et de « preuves ».

J'étais en France quand l'Iraq a envahi le Koweït début août 1990. Je reconnais que j'ai sauté de joie devant le poste de télévision lorsque j'ai entendu le président iraqien annoncer par son « initiative du 12 août» qu'il était prêt à se retirer de cette « province éternelle de l'Iraq » et qu'il revenait aux grandes puissances d'obtenir le retrait de l'armée israélienne des territoires palestiniens occupés en juin 1967. J'avais bien noté la symétrie du vocabulaire entre deux occupants. Le lien était posé mais peu l'ont relevé, et les Américains ont balayé cela rapidement. « Bull shit » a dit peu après le président G. Bush père pour déconsidérer les propositions du président iraqien. Personne ne se rappelle aujourd'hui qu'un Yasser Arafat désespéré par la rupture du dialogue Etats-Unis-OLP en avril 1990 avait constaté avec amertume lors d'une visite à Saddam Hussein à Bagdad en mai 1990 : « pour les occidentaux, une seule chose compte, qu'on les prenne au portefeuille [2]».

---

[1] *The Tower Commission report*, 1987.
[2] *L'Humanité Dimanche*, mai 1991.

Avant et après l'ultimatum envers l'Iraq mis en œuvre par la résolution votée le 29 novembre 1990, tous les plans de paix ont été sabotés[1]. La propagande américaine a fonctionné avec de très gros moyens : quelques manipulations, dont certaines sont révélées aujourd'hui, ont contribué à faire accepter la guerre aux opinions des pays européens et arabes inclus dans la coalition. Le gouvernement de Michel Rocard a du qualifier la guerre annoncée d'*opération de police internationale*, pour pouvoir se limiter à un débat de politique générale à l'Assemblée. Lors de ce débat, la veille de la guerre du Golfe, tous les partis ont dit à quelques nuances près que cela pourrait créer un précédent de l'application du « *droit, appuyé au besoin par la force*», « *qui ne pourra pas rester la seule*»[2]. Le secrétaire général de l'ONU, M. Perez de Cuellar a déclaré in extremis que « ce n'est pas la guerre de l'ONU ». La guerre de la coalition réunie par les Etats-Unis a eu lieu, avec plus de 100 000 sorties d'aviation envers un pays dont les citoyens d'Europe et des Etats-Unis ne connaissaient presque rien.

Ce livre témoigne de quelques étapes d'une révolte grandissante contre l'usage impérial de la force et de la manipulation de régimes et des opinions. En 1991-92-93 nous étions bien peu nombreux à dénoncer sans relâche les conditions imposées en Iraq à des populations civiles sans responsabilité personnelle. La plupart des média ne relataient pas la réalité quotidienne en Iraq sans avancer des arguments à la Ponce Pilate, ce qui in fine maintenait le lecteur dans la confusion. Plusieurs manifestations furent organisées à Paris sans que la grande presse n'en parle, ainsi que plusieurs conférences internationales, à Naples, Paris, Genève, New York, Athènes, Londres, Madrid, de 1992 à 1998. Cette histoire d'une résistance citoyenne et internationale reste à

---

[1] IMA : *23 plans de paix pour une guerre. Août 1990-Février 1991*. Paris.
[2] Journal officiel du 17/01/1991.

écrire, ainsi que l'analyse de la pesanteur des opinions. Il aurait mieux fallu raconter des histoires d'amour situées dans un contexte d'embargo, plutôt que des histoires d'embargo dans un tel contexte d'ignorance.

Le contexte de la cohabitation droite-gauche en France, l'implication passée des socialistes dans la « logique de guerre », et les classiques passions sur la question de Palestine, tout cela ne facilitait pas la conversion des personnalités politiques à un regard plus perspicace sur la situation et les perspectives au Moyen-Orient. Jusqu'en mai 1994, le gouvernement Balladur interdisait tout contact avec l'Iraq officiel, alors que l'AFP parlait déjà de 400 000 morts par l'embargo. En 1998, une lettre fut envoyée à une centaine de députés pour les questionner personnellement sur la légitimité de l'embargo imposé à l'Iraq, seulement deux réponses furent reçues !

En 1996 enfin j'ai pu insérer la question de l'Iraq dans un débat d'élus, au Sénat de Belgique. De France une mission officielle d'élus s'était enfin rendue en Iraq, mais n'osait guère dire plus que « *Faut-il lever l'embargo ?* [1]». Cette fois je n'étais pas un intrus comme en tant d'autres occasions[2] depuis 1991, j'étais invité formellement au Sénat à Bruxelles et j'ai voulu élever le débat en appelant les européens à une plus forte implication au Moyen-Orient. Ce discours a été partiellement publié au journal officiel du Sénat belge et surtout, quelques semaines plus tard, une résolution a pu y être votée à l'unanimité (moins quelques abstentions),

[1] Rapport de la mission J-B Raimond, Assemblée Nationale.

[2] Envers le président Bush sortant de l'Elysée en janvier 1993, face au premier ministre Balladur au Bicentenaire de Polytechnique en 1994, face au président Mitterrand en la mairie de Château-Chinon au 2ème tour des présidentielles en mai 1995, face au premier ministre Lionel Jospin clôturant une conférence sur la politique énergétique française en juin 1998 dans une salle de l'Assemblée…

demandant que l'embargo soit modifié afin qu'il n'affecte plus aussi sévèrement les populations civiles en Iraq.

Avec quelques autres activistes, nous profitions de toutes les tribunes pour évoquer la situation en Iraq et les insuffisances évidentes d'application juste du droit international. Me méfiant de la vision occidentale conditionnée par des stéréotypes, j'évoquai lors d'une conférence de socio-économie à Genève en juillet 1996 le regard critique que pourraient porter sur la société occidentale des personnes ou des média de pays en développement. N'est pas Montesquieu qui veut mais aujourd'hui l'Iran n'est pas mieux connu que du temps des « Lettres persanes », ni l'Iraq au temps des Mandats d'après la guerre de 1914-18. Dès que l'on a parcouru le monde, on pense aux regards croisés, on se méfie des vues unilatérales.

Le 15 janvier 1998, la France célébrait partout Emile Zola ; l'embargo continuait à sévir en Iraq, la résolution dite pétrole contre nourriture n'y changeait pas grand chose. J'ai repris le cri de Zola « J'accuse » pour dire qu'il y a des responsabilités dans l'action et tout autant, dans l'inaction contre l'injustice. Trois mois plus tard mon compte bancaire et mon salaire étaient saisis parce que depuis la guerre du Golfe et à cause de l'embargo j'avais décidé de refuser publiquement de payer les impôts nationaux pour n'être en rien complice de cette ignominie votée et revotée par la France, l'embargo imposé à toute une population. Le Tribunal Administratif avait mis trois ans pour me répondre qu'il n'était pas compétent.

Depuis novembre 2000, pour ses contrats de vente de son pétrole, et son compte séquestre à New York, l'Iraq est passé l'euro à la place du dollar. Bien peu l'ont remarqué. Au début 2002 les euros sont enfin dans nos poches. On pouvait croire que la monnaie commune allait renforcer l'Europe mais la politique extérieure européenne commune est bien longue à venir ! J'ai essayé de résumer en quelques pages l'histoire des luttes pour le contrôle du pétrole du Moyen-Orient depuis la fin du 19ème siècle, qui y fonde à l'évidence les questions de frontières et de pouvoirs. Et dans une continuité nécessaire, je souhaite rappeler qu'on pourrait se passer d'une grande part du pétrole si allègrement gaspillé. Son prix est revenu, en termes réels compte tenu de l'inflation, au niveau très bas où il était en 1972 juste avant la nouvelle vague de nationalisations et le premier choc pétrolier.

La tragédie du 11 septembre 2001 à New York a t-elle changé la donne ? En tout cas elle a contribué à relancer et élargir au grand public les débats sur l'organisation du monde. J'avais une barbe plus fournie que celle de Ben Laden quand j'ai cherché à contrecarrer les inepties qu'on pouvait lire ou entendre partout dans les mois qui suivirent. Des analyses étaient écrites par des personnalités qui n'ont jamais cherché à lire les déclarations d'Oussama Ben Laden, à affronter avec lucidité critique ses motivations, à comprendre notre coresponsabilité implicite ou explicite dans la genèse de son organisation. Ben Laden avait dit avec exaspération et réagissait avec violence à ce que nos partis disaient avec soumission et inconséquence le 16 janvier 1991 à l'Assemblée ! Le prétendu « bien » ignore le « mal ».

A force de constater comme chacun qu'il y avait de par le monde 2 poids et 2 mesures, j'en suis venu à une critique radicale de certaines dispositions de la Charte de l'ONU, finalisée à San Francisco en 1945 entre les vainqueurs de la guerre de 1939-45, auxquels la France a pu in extremis se joindre comme membre permanent du Conseil de Sécurité. Il faut remettre en débat ce rôle abusif du droit de veto de 5 grandes puissances.

J'ai saisi l'occasion de la préparation des élections présidentielles françaises de 2002 pour réfléchir à un programme qui partirait d'abord d'une réflexion sur l'organisation du monde, et d'une séparation radicale de la politique et de l'argent, pour proposer des réformes des processus éducatifs et des comportements, mettre en chantier une refonte profonde de la fiscalité. Pour restaurer l'espoir de paix, il faudrait penser comme si les frontières n'étaient que provisoires, envisager que toutes les rentes, pétrolières, financières ou sociales devraient être partagées avec équité, accepter que certains des abus passés devraient être compensés, pour atténuer les sentiments d'injustice qui règnent encore de part le monde. Remplacer les rapports de force par une espérance de justice.

Pas à pas certes, mais vers un but commun, partagé par l'humanité dans sa maison qui brûle.

Un peuple sous l'asphyxie du Conseil de Sécurité : Effets économiques et sociaux de l'embargo imposé à l'Iraq[1].

"L'étonnant, c'est que Castro ne soit pas entré à l'ONU avec sa mitraillette."

Frantz Fanon, *Les Damnés de la terre* (1961)

L'embargo du Conseil de Sécurité. Les faits et l'illusion.

Depuis le 6 août 1990, l'Iraq est sous un embargo commercial, financier et militaire, régi par la Résolution 661 dont l'application est suivie par un Comité des Sanctions auprès du Conseil de Sécurité. L'embargo fut précisé par la Résolution 666 du 13 septembre 1990 tandis que le Comité des Sanctions amenda certaines pratiques lors de réunions tenues tous les 60 jours pour en examiner l'application et la reconduction, cela à partir du cessez-le-feu.

Comme l'Iraq redemanda à exporter du pétrole dès mai 1991 et qu'un rapport de l'ONU reconnaissait alors que l'aide humanitaire onusienne ne pouvait pas assurer les besoins pressants des populations, les Résolutions 706 puis 712 d'août 1991, préparées *à l'initiative de la France* autorisèrent la vente de pétrole par l'Iraq dans de telles conditions de prélèvement et de gestion que l'Iraq refusa d'utiliser cette opportunité. Il tenta d'en renégocier la formulation à Vienne,

---

[1] écrit en octobre 1992

en janvier 1992, puis au printemps, puis en septembre 1992 à New York lorsque les Etats-Unis menacèrent de saisir des avoirs iraqiens encore gelés pour payer les frais accumulés par les équipes dites des Nations Unies en Iraq, frais évalués à 600 millions de dollars.

Revenons aux détails : par l'embargo commercial mis en place le 6 août 1990, l'Iraq ne peut plus vendre, ni pétrole, ni dattes, ni rien. Par l'embargo financier, l'Iraq ne peut plus disposer de ses avoirs financiers extérieurs, estimés alors à 5 milliards de dollars, soit quatre mois de recettes pétrolières d'avant 1990, ou cinq jours de déficit budgétaire américain en 1992. La Résolution 665 du 20 août 1990 permet le recours à l'inspection navale et la 670 du 25 août 1990 confirme que l'embargo « s'applique à tous les moyens de transports, y compris les aéronefs ».

Ainsi l'Iraq ne peut plus rien payer, ni faire livrer, sauf «les fournitures à usage alimentaire». La Résolution 666 du 13 septembre 1990 restreint cette exemption en définissant une procédure : une mission des Nations Unies en Iraq doit faire un constat d'urgence humanitaire à endosser par le Secrétariat Général et le Conseil de Sécurité, qui demande au S.G. de « collecter de façon urgente et permanente de l'information sur la disponibilité de la nourriture en Iraq ». Ce n'est qu'au début de mars 1991 que le Conseil autorise deux agences à amener et distribuer de la nourriture, les Nations Unies et le C.I.C.R., après le constat alarmant de la mission UNICEF/O.M.S. (rapport Ahtisaari). Une procédure d'accord préalable est strictement appliquée. Au printemps 1991, il fallait deux mois de patientes démarches pour obtenir, dans les meilleurs des cas, un feu vert pour faire transiter par ces agences quelques cartons de lait ou de médicaments dûment répertoriés. Les procédures onusiennes et nationales se superposaient.

Le 3 avril 1991, la Résolution du cessez-le-feu prévoit le paiement de dommages de guerre mais lève l'embargo sur les denrées alimentaires, c'est-à-dire sur leur transit seulement ! Cela permet en fait aux Européens puis aux Américains d'organiser une zone de protection et des secours d'urgence au Kurdistan d'Iraq. Le 9 mai 1991, le Comité des Sanctions autorise les Etats qui le voudraient à dégeler "des avoirs iraqiens" pour le paiement par Bagdad de denrées et médicaments. Puis le 15 août 1991, le Conseil vote les Résolutions 705 et 706 sur l'exportation éventuelle de pétrole sous contrôle strict...

Plus tard, sans ouvrir le champ d'exemption, le Comité des Sanctions supprime l'autorisation préalable pour la nourriture, les médicaments essentiels et les équipements de première nécessité pour l'eau potable. Mais, à défaut d'une nomenclature détaillée connue de tous les opérateurs, le processus reste le même si l'expéditeur ne veut pas prendre le risque de voir la cargaison refusée à Aqaba. Le 13/05/1992, le Comité des Sanctions va jusqu'à recommander à tous les Etats le déblocage de fonds iraqiens pour les achats de médicaments, d'équipements sanitaires et de produits alimentaires ou pour répondre à d'autres besoins humanitaires. Enfin, le 2/10/1992, une Résolution autorisa le transfert d'avoirs bloqués vers un compte spécial des Nations Unies pour payer les frais des missions de l'ONU en Iraq ! Comme pour beaucoup d'autres Résolutions, la Chine s'est abstenue.

Ainsi donc, la plupart des opérateurs commerciaux ne connaissent pas précisément les conditions pratiques d'application des exemptions mais le grand public et les médias pourraient aisément croire que l'embargo n'empêche nullement l'entrée de la nourriture et des médicaments.

Beaucoup croient d'ailleurs que l'embargo est levé ! Pour que ces biens essentiels entrent, il faut en fait que des tiers payent - merci pour leur générosité envers les iraqiens - , il faut que des gens patients suivent une procédure compliquée avec des fonctionnaires peu informés, craintifs ou vindicatifs - bravo pour eux lorsqu'ils connaissent le détail des procédures - , il a fallu longtemps que les marchandises transitent et soient distribuées par les canaux de l'ONU ou de la Croix-Rouge - prière de ne pas leur poser trop de questions sur les contradictions internes -.

Le gouvernement de l'Iraq face à l'embargo.

Rappelons d'abord qu'il ne cesse d'en demander la levée ! L'embargo financier concerne le "gouvernement iraqien et toute entreprise sise en Iraq" (Rés. 661 du 6/08/1990). En fait, faute de pouvoir définir et identifier les entreprises et comptes du gouvernement iraqien, la plupart des grands pays ont tout bloqué et n'ont libéré des comptes privés qu'après que les titulaires eussent pu prouver leur non appartenance au gouvernement. Tel était peintre ; tel était étudiant ! En France, le ministre de l'Enseignement supérieur a même refusé les inscriptions universitaires avant de revenir sur cette décision. Punition collective, abus de pouvoir ! Le 7 août 1990, la Suisse aussi a appliqué l'embargo : ce fut une première ! Le gouvernement iraqien a demandé à laisser exécuter des commandes antérieures au 6 août 1990, mais en vain.

Du coup, il a autorisé les commerçants et les entreprises publiques à élargir leurs activités ; il a supprimé les contrôles aux postes douaniers à l'entrée et, de fait, autorisé la contrebande pour les frontières de l'ouest et de l'est. Ainsi des importateurs de tapis ont réactivé leurs filières pour amener du riz de l'Iran. Pour les denrées alimentaires, le gouvernement a cherché à négocier avec les pays qui pouvaient espérer se positionner commercialement en Iraq, tels que l'Australie, le Canada, l'Inde... . Le moyen de paiement pouvait provenir des comptes deséquestrables sous conditions depuis le 9 mai 1991, ou de l'or, ou du pétrole à terme. Les Etats-Unis ont toujours manœuvré pour gêner la conclusion de tels contrats.

Comment le gouvernement a-t-il pu ainsi mener à bien la "reconstruction" ? D'abord par les moyens humains, techniques et budgétaires nationaux, puisque la longue guerre entretenue avec l'Iran de 1980 à 1988 avait déjà appris aux iraqiens à compter plus sur leurs propres ressources. D'autre part, avec des entreprises étrangères plutôt amies, connaissant bien l'Iraq et espérant y reprendre des activités ; le gouvernement et les entreprises publiques ont pu leur proposer des contrats avec paiement en pétrole à terme conditionnel, c'est-à-dire livré quand cela sera possible et compté à un prix convenu très bas (10 $ le baril).

L'entreprise étrangère prend un risque mais elle a aussi un espoir de très bonne rémunération. C'est la réponse courageuse des entreprises et dirigeants du tiers monde et de pays de l'Est à la tentative d'hégémonie et de soumission économique exercée de force par les Etats-Unis à travers leur manipulation du Conseil de Sécurité.

Enfin, comme entre 1982 et 1988, l'INOC (Iraqi National Oil Company) a exporté du pétrole vers la Jordanie ; l'Iraq a installé des sociétés publiques dans ce pays pour y gérer les contrats ouvertement ou secrètement conclus. Beaucoup de personnes des pays voisins (Liban, Syrie, Turquie, Iran) ont pleinement coopéré en fait pour tenter de déjouer les contrôles des Etats-Unis, de la France et des Britanniques, au port jordanien d'Aqaba depuis le début, puis aussi aux ports de Lattaquié, Beyrouth, et Iskenderun, et enfin à la frontière routière entre Jordanie et Iraq. Mais, à partir de juin 1992, des pressions, voire un chantage américain, furent exercées sur la Jordanie économiquement exsangue, pour qu'elle participe à la mise en oeuvre de l'embargo, jugé inique par tous les Jordaniens !

Au niveau de la distribution intérieure, le gouvernement a rétabli le système des coupons et quotas pour les denrées de base (farine et pain, riz, sucre, huile, thé). Ce système avait déjà été très pratiqué en Iraq : en temps de paix, à cause des pénuries dues à la gestion centralisée des achats publics jusqu'en 1976 au moins, et aussi en temps de guerre avec l'Iran, par périodes. Les critères et les modes de gestion des livraisons sont rodés ; chacun connaît son dû et n'a qu'à se résigner aux files d'attente, qui commencent vers 3 heures du matin.

Face à l'embargo, la politique monétaire ne peut être que rudimentaire. Quelques semaines après le cessez-le-feu, le change fut autorisé librement pour faciliter l'acquisition de devises par les importateurs potentiels. Les salaires, pensions ou primes de certaines catégories du secteur public productif furent augmentés en nominal ; aussi le furent les soldes des militaires. Les retraits de banque furent limités à un montant mensuel.

Pour payer une partie des salaires publics le gouvernement imprima des billets contrefaits, marqués d'une lettre de série complémentaire, grâce à une machine à faux billets ramenée du Koweït ! Etait-ce suffisant pour tenter de mieux suivre, à défaut de les enrayer, les flux de billets au-delà des frontières ?

Les sociétés commerciales en dépit de l'embargo.

Subissant l'embargo, la guerre et l'absence d'électricité, de téléphone et d'eau durant plusieurs mois, beaucoup d'entrepreneurs industriels et commerciaux, dont l'activité usuelle avait cessé pendant la guerre, tentèrent de se convertir à l'importation. La libéralisation générale des sorties d'Iraq survint vers mai 1991. Beaucoup d'iraqiens alors aisés s'établirent à Amman mais très rares furent les visas occidentaux délivrés pour voyager plus loin. A Amman, les communications fonctionnent bien et le système bancaire est libéral : il est facile de créer des sociétés, en quelques jours. Ceux qui disposaient d'avoirs à l'étranger purent les mobiliser pour financer des achats destinés à l'Iraq. Mais la plupart durent transférer des millions de dinars iraqiens pour acquérir des devises au prix fort !

Les circuits de change sont complexes et peu de gens impliqués parlent. La demande de dinars est évidemment très réduite. Il est dans la logique de la situation régionale et des forces en présence, qu'en quittant les mains des changeurs en place à Amman, les billets soient passés en Israël et à Chypre pour être ensuite recyclés par les services secrets américains au Nord "libéré" de l'Iraq et dans l'Iran de l'Ouest. Il est avéré que les services américains y paient là-bas des milliers de gens à des tâches diverses, du maintien de l'ordre jusqu'à la subversion.

Le taux de change du dinar iraqien est passé de 4 dinars pour un dollar en avril 1991 à 6 en juillet 1991, 9 en octobre 1991, 12 en février 1992, 20 en juillet et enfin 23 en septembre 1992. La nécessité et la solidarité ont rapproché des hommes d'affaires jordaniens, libres de leurs mouvements, et des iraqiens installés à Amman ou faisant la navette Amman Bagdad. Mais les affaires sont restées difficiles, compliquées à monter et risquées. De nombreuses délégations commerciales étrangères, notamment de France, d'Italie, d'Allemagne, du Japon, mais surtout des pays industrialisés du "Sud", se sont rendues à Amman et à Bagdad, le plus souvent dans la discrétion.

En France, vu les procédures habituelles de soutien et d'assurance à l'export, les sociétés signalaient leur intention de négocier. Parfois elles sollicitaient une autorisation préalable et redemandaient en retour une autorisation pour signer un contrat, le cas échéant... . Cette autorisation n'est jamais donnée et la société est souvent importunée par des enquêteurs et des pressions dissuasives de la Sécurité française. D'autre part, dans un cadre général de méfiance, une certaine rigueur administrative de la gestion des contentieux financiers franco-iraqiens préexistants bloque les paiements lorsqu'ils sont proposés par le secteur public iraqien. Ainsi le chèque proposé par l'Iraq à l'automne 1991 pour payer les arriérés de droits de télécommunications internationales n'a pas été accepté par la Banque de France : ce n'était pas une créance prioritaire ; la liaison téléphonique n'a pas été rétablie alors qu'elle l'était dans plusieurs autres capitales occidentales.

A Bagdad, une crise violente survint en juillet 1992 entre certains milieux gouvernementaux et le secteur commercial privé iraqien. Quarante-deux commerçants de divers gabarits furent arrêtés et exécutés, sans que les chefs d'accusation ne fussent précisés ni que des procès équitables ne fussent tenus. Ces grands et moyens commerçants iraqiens furent sans doute coincés entre les pressions américaines sur la Jordanie et les mouvements d'exaspération des civils iraqiens devant le renchérissement constant des denrées en monnaie locale, vu l'érosion accélérée du dinar iraqien dans une économie en décomposition.

La vie quotidienne en crise sous l'embargo.

A part le secteur limité du génie civil et des réparations, le pays est en chômage technique depuis l'été 1990. Face aux incertitudes et au manque de matières premières, d'équipement et de clients, les entrepreneurs privés n'ont pas redémarré leurs usines, même si le courant électrique est rétabli. Beaucoup de salaires ne sont plus payés depuis longtemps. En dehors des quotas, évidemment insuffisants, la hausse des prix nominaux continue : au printemps 1992, ils étaient 30 à 40 fois ceux de l'avant-guerre. Les pensions et revenus ne furent augmentés que marginalement. L'inflation vient de la rupture des exportations, du déficit d'approvisionnement, de l'effondrement de l'activité économique. Le marché du travail s'étant effondré, les salaires sont restés au même niveau en dinars : le pouvoir d'achat des salariés et des fonctionnaires s'est donc aussi écroulé.

Les gens revendent parfois une partie de leur quota pour acheter d'autres denrées selon leurs besoins particuliers. L'essentiel des revenus provient de la liquidation progressive des biens personnels et familiaux. Comme dans tout le Proche-Orient et le tiers monde en général, les familles ont l'habitude d'acquérir des bijoux pour capitaliser une part de leur épargne familiale. En Iraq, les appels gouvernementaux répétés pendant la guerre Iraq Iran pour faire participer volontairement les populations à l'effort financier, n'avaient pas épuisé toutes les ressources familiales en bijoux. Le cercle des acheteurs est évidemment réduit aux commerçants spécialisés et aux fortunes établies, par la force des choses. Bijoux, équipement ménager et audiovisuel, meubles et tapis, livres anciens et même objets antiques changent progressivement de mains et souvent partent en contrebande à l'extérieur. " *Aucun travailleur iraqien ne peut pourvoir à la seule subsistance de sa famille par le seul revenu de son travail. Les gens doivent vendre aujourd'hui les choses qu'ils ont acheté hier.*" (citation d'un ouvrier, dans Industrial Worker, août 1992).

Mais il est fondamental de réaliser que les prix de détail du marché en Iraq sont très bas en valeur absolue, c'est-à-dire comptés en devises. Ce sont des produits le plus souvent importés, donc acquis aux cours mondiaux, avec de grandes difficultés et de grands risques. A partir d'une enquête récente du magazine "L'Express" (13-19 août 1992), on peut observer que le kilo de riz coûte 2 F, la douzaine d'oeufs 2,13 F, la boîte de lait maternisé de 450 gr coûte 4,60 F, le kilo de viande 6 F. Ces prix de détail en Iraq sont très proches, voire inférieurs aux prix de gros du commerce international livrés au port d'Aqaba, et en tout cas 3 à 8 fois inférieurs aux prix de détail en France.

Cela prouve que les circuits d'importation et de distribution privés et publics iraqiens, voire les circuits "baathistes", sont efficaces et économes, certainement plus que nos propres groupes de distribution en Europe ! Mais bien sûr le salaire d'un ingénieur chercheur (400 dinars par mois) ne vaut que 100 F par mois. Cela signifie que le mécanisme de l'embargo, c'est le blocus économique produisant du chômage technique, faute de matières premières, d'équipement, de clients et de moyens de paiement. C'est l'effondrement des revenus des ménages et, de là, leur paupérisation et l'érosion accélérée de leur patrimoine vendu peu à peu pour survivre.

Dans cette ambiance de paupérisation quasi générale, sans perspectives, il est évident que le tissu social se disloque sous la pression des éléments les plus fragiles. Vols de voitures ou de pièces de voitures, cambriolages, agressions, rançonnage, prostitution sont apparus dans toutes les villes et tous les milieux sociaux urbains. L'Iraq qui s'était préservé avec fermeté de la drogue commence à être approvisionné par la contrebande, y compris et surtout dans le Kurdistan iraqien. Ce désordre économique et social ainsi décrit est la conséquence mécanique de l'embargo prolongé après la guerre, voté et maintenu par les cinq grandes puissances du Conseil de Sécurité. La responsabilité de cet étouffement leur incombe totalement ; les interprétations distillées par les médias et les autorités occidentales pour renvoyer les responsabilités sur le régime sont inacceptables !

La question des responsabilités.

Fort peu de journalistes envoyés après la guerre connaissaient l'Iraq des années 1970 et 80 ; fort peu y avaient des amis parmi les civils, les intellectuels, les industriels. En France, en tout cas, la plupart des journaux et télévisions ont systématiquement écarté ceux qui connaissaient le pays avant. Les journalistes y vont rarement avec sympathie, plutôt parce que les visas d'entrée en Iraq sont rares et qu'il ne faut pas rater l'occasion. Ils ne citent presque jamais les rapports existants des missions officielles (Ahtisaari, Aga Khan, C.I.C.R., UNICEF, etc.) ou privés (Ramsey Clark, mission française Me Tricaud et collègues, Harvard Team, équipes allemande, belge, française, Enfants du Monde, ONG maghrébines, etc), ni bien sûr les publications officielles des ministères iraqiens (notamment de la Santé publique). Presque toujours les titres et conclusions rejettent une grande part de la responsabilité de la misère constatée sur le gouvernement, sur le "régime". Voyons quelques exemples.

Un reportage de la chaîne Antenne 2 parcourt les marchés de Mossoul à Bassorah et enquête sur les difficiles conditions de vie, les pénuries, la cherté de la vie. Les dernières images du documentaire s'arrêtent sur des hangars et le commentateur insinue à peu près ceci : "Et pourtant, il paraît que le gouvernement détient ici des tonnes de vivres". Le spectateur est désormais ou à nouveau convaincu que c'est Saddam qui affame son peuple... . N'est-il pas au contraire logique et évident qu'entre des distributions de rations journalières et des arrivages irréguliers, il est nécessaire d'avoir des stocks ; évident qu'en période de pénuries, il faut les protéger. Et que sont "ces tonnes", alors que les flux de denrées sous contrôle administratif dépassent 130 000 tonnes par mois ?

Ailleurs, dans le quotidien "Le Monde" du 26/10/1991, sous le titre "L'embargo et l'incurie du pouvoir aggravent les pénuries", la journaliste évoque d'abord les "affaires juteuses" que font les "dirigeants du régime" et regrette ensuite "l'absence d'études sérieuses et indépendantes" pour dire qu'il est difficile de mesurer l'ampleur de la catastrophe. Il suffirait d'une règle de trois sur les prix du marché pour constater que les "affaires juteuses" ne sont que le mécanisme même de l'embargo sur l'économie domestique et monétaire d'un pays étouffé. Même constat dans les interprétations de l'Express du 13 au 19 août 1992, sous le titre "Saddam, il revient !". Aucun journaliste ne calcule ou ne commente les prix en devises, alors que tous citent des prix en dinars, des taux d'augmentation nominale des prix et le taux de change.

L'aveuglement et la fuite devant l'analyse des responsabilités atteint même, ou évidemment, les autorités occidentales. L'ancien ministre des affaires étrangères néerlandais, Max Van der Stoel, appointé pour enquêter sur les Droits de l'homme en Iraq, écrit dans "The European" (20-23/08/1992) à propos du Nord qui n'est alors plus sous contrôle gouvernemental : "Un nombre de Kurdes en augmentation constante découvre que leur revenu n'est plus suffisant pour subvenir à leurs besoins les plus essentiels." Cette phrase pourrait évidemment s'appliquer à tous les iraqiens, du nord au sud, victimes de l'embargo du Conseil de Sécurité !

Est-ce cruel de rappeler qu'il y a 18 mois déjà, le ministre Roland Dumas observait en Conseil des ministres du 20 mars 1991 que la situation en Iraq, qui se détériore à grande allure, "*pose, à terme rapproché, à la coalition, le problème de la levée des sanctions économiques prises par le Conseil de Sécurité à l'égard de l'Iraq*". Récemment, le 22 septembre 1992, dans les couloirs de l'ONU, Lawrence Eagleburger, successeur par intérim de James Baker, déclarait à quelques délégués arabes que "*les sanctions seraient maintenues tant que Saddam serait au pouvoir*". Quelques jours après, l'embargo était reconduit, et aucun journal français n'en fit même mention, tandis que des journaux londoniens rapportaient le chiffre de 40000 morts dues à l'embargo. Chaque jour de l'été 1992, c'est 90 enfants de moins de 5 ans qui meurent des suites de l'embargo.

"Poursuivre par l'embargo l'étouffement de tout un peuple apparaîtra un jour comme un crime impardonnable contre l'humanité", m'écrivait Claude Cheysson[1] en juillet 1991. Un crime voté et revoté à mains levées, tous les soixante jours, tandis que des rédactions serviles et des opinions accablées s'en lavent les mains.

Paris, Amman ; dit à Naples le 4 octobre 1992, à la conférence internationale contre l'embargo.

[1] ancien des Affaires Etrangères, alors député européen.

Allez-y : la vraie paix est au bout du chemin.

Adresse à l'invitation de la Commission des Affaires Etrangères du Sénat de Belgique. Séance du jeudi 28 mars 1996 à Bruxelles : auditions de témoins sur l'Iraq.

Mesdames et Messieurs les Sénateurs,

Merci de m'accueillir à Bruxelles, car pour la première fois, des élus des peuples souhaitent nous entendre en session. J'étais avant-hier au Sénat français, mais pour un dîner associatif avec débat sur l'Iraq, où j'ai eu peine à entendre un député et ancien ministre français des affaires étrangères concéder qu'il faudrait attendre le lendemain de l'élection américaine[1] pour espérer la levée de l'embargo imposé à l'Iraq.

Bruxelles est un symbole en Iraq, ou plutôt une cicatrice, car la frontière entre la Turquie et l'Iraq a porté le nom de *ligne de Bruxelles* à partir d'une séance extraordinaire du Conseil de la Société des Nations le 27 octobre 1924 dans votre capitale.

---

[1] dont le résultat fut la réélection de Bill Clinton.

Bruxelles d'Europe, c'est aussi là-bas un espoir car c'est d'ici que devrait se construire une position européenne commune, indépendante et solide, pour une paix juste et donc durable en ce Moyen-Orient dont les Européens ont tracé presque toutes les frontières. Car il nous faudra résoudre toutes les questions nées depuis 100 ans de la rivalité des grandes puissances luttant pour le contrôle de meilleurs morceaux de l'empire ottoman vieillissant. Au tournant du siècle, dans le sillage industriel de Rudolf Diesel, les gros moteurs avaient déplacé les efforts stratégiques, en une ou deux décennies seulement, des bassins du charbon aux bassins du pétrole. Frustré de venir tard à l'expansion coloniale, l'Empire allemand avait réussi à participer pleinement au développement des chemins de fer et du pétrole, de Berlin à Bagdad.

Je suis allé en Iraq il y a 27 ans, en auto-stop, sur un camion, et puis j'y ai travaillé comme expert d'irrigation pour la FAO[1] de 1979 à 1982. Au début de 1980, j'ai vu au Kurdistan comment on préparait la guerre Iraq-Iran par des provocations. Je connais intimement presque tous les pays du Proche et du Moyen-Orient où j'ai vécu plus de 10 ans.

J'étais tout récemment à Bagdad, à mi-mars 1996. Un soir dans une famille, les conversations se sont arrêtées pour que chacun entende les nouvelles sur la BBC. « Le négociateur iraqien Abdul Amir Al Anbari a encore bon espoir, et les discussions reprendront le 8 avril ». Une dame présente a dit alors : « *Ra yjiboun akel zyadah, bes nahna, schloun ranachtariha* » ; c'est-à-dire : « *Alors ils vont amener plus de nourriture, mais nous, comment on va l'acheter* ? ».

---

[1] FAO ou OAA Organisation de l'Agriculture et de l'Alimentation, du système de l'ONU.

Car en Iraq ce n'est pas la nourriture qui manque malgré les difficultés : presque tout est beaucoup moins cher qu'à Paris ou Bruxelles, voire Amman. Le riz et la farine coûtent ½ € par kilo, les agrumes et légumes 1/3 €/kg, la viande ou le poulet 2 €/kg. Mais les salaires, revenus et pensions se sont effondrés au fur et à mesure de l'étouffement de l'économie par l'embargo. Les années fastes de 1974 à 1985 ne sont plus qu'un souvenir et une leçon ; la plupart des gens doivent se résoudre à solder peu à peu leurs biens pour survivre.

Un ouvrier agricole gagne 5 à 40 € par mois selon la charge musculaire du travail. Une chercheuse avec un PhD anglais gagne 8 € par mois, un électronicien 20 € par mois ; voilà un père de 3 enfants, qui a su converser avec un cosmonaute russe en orbite, depuis son laboratoire ; il a publié son entretien dans une revue anglaise sur l'espace, en signant Mahmoud X, Middle East. Avec la mention Bagdad, son texte n'aurait pas été publié. Comme les autres, avide de garder le contact, il sacrifie un mois de salaire pour recevoir une revue à Amman, qu'un chauffeur de taxi lui amène de temps en temps ; car depuis 1990, l'embargo prétend couper l'Iraq du reste du monde. Il est encore impossible aux enseignants de recevoir de la documentation.

On circule dans tous les sens avec de vieilles voitures polluantes à pneus usés mais vous faites le plein de carburant pour un dixième d'euro, au plus près du prix de revient de l'extraction pétrolière ! Un médecin touche pour chaque consultation l'équivalent de 10 à 20 cents d'euro seulement : il reçoit près de cent personnes par jour, quelques minutes chacune. Le patient, vrai ou faux malade, a souvent fait la file d'attente pour obtenir une ordonnance qui lui permettra d'attendre dans une autre file pour acheter à bas prix à la *Pharmacie Centrale* quelque médicament plutôt rare, qu'il pourra revendre en alertant son réseau de connaissances.

Peut-être une mère angoissée y passera ses dernières économies pour tenter de sauver son enfant. A Bagdad « *on ne meurt pas de famine* » concluait le député Jean-Bernard Raimond à son retour d'Iraq dans un rapport présenté le 30 janvier 1996 à l'Assemblée Nationale française. Mais il a constaté que la malnutrition règne partout, surtout dans les faubourgs urbains. Malheur à celui ou celle qui tombe malade d'une affection difficile ; à moins d'être riche et d'avoir des connexions, on est perdu.

La proportion de nouveaux nés avec un poids inférieur à 2,5 kg est passée à 21% ! La mortalité infantile des enfants de moins de cinq ans a augmenté de 4500 par mois ; pour les enfants de 5 à 15 ans, de près de 3500 par mois. Au total, avec les adultes et les vieux, c'est une surmortalité de 10 000 décès par mois, en plus par rapport au nombre mensuel de décès avant 1990. Au total depuis 1991 plus de 500 000 morts supplémentaires, victimes civiles sans responsabilité personnelle, victimes d'un embargo voté et reconduit 26 fois par le Club des Cinq autoproclamé « communauté internationale ». Et ce drame était prévisible scientifiquement et annoncé dès l'automne 1991 à partir de l'enquête médicale et statistique détaillée menée par une équipe pluridisciplinaire de santé publique réunie autour d'universitaires de Harvard. Et ce désastre provoqué était prévu, avant même la guerre du Golfe, par l'auteur d'un article d'octobre 1990 pour *Policy Focus,* bulletin interne du Washington Institute for Near East Policy. Une analyse cynique qui vaut préméditation par certains stratèges de la domination.

Revenons encore à la vie quotidienne : en Iraq les revenus sont bas car toute l'activité productrice tourne au ralenti, hormis le génie civil, faute d'avoir assez de composants et matières, et de nouveaux équipements pour investir et faire fonctionner l'économie civile. J'ai visité à fin janvier 1995 les usines de papier à Bassorah et Al Amara. Sur six machines, allemandes et bien maîtrisées par le personnel iraqien, une ou deux peuvent encore fonctionner ; on ne peut pas réparer sur place un cylindre long de 5 mètres, pesant quelques dizaines de tonnes ; on ne peut pas le charrier à dos d'âne à travers le Kurdistan comme des mitraillettes Uzi ou des vrais ou faux billets. Pour faire du papier journal et des cahiers d'écolier, on coupe les rares eucalyptus de Mésopotamie, on recycle tous les vieux papiers, on transporte les roseaux des marais sur les camions avec les derniers pneus.

Je n'ai pas dit les derniers roseaux, ni les derniers marais : les roseaux poussent en quelques mois et des marais se forment à tout moment dès qu'une nouvelle digue de terre est construite en travers d'un imperceptible thalweg descendant des Monts du Zagros iranien, dont on peut souvent voir la crête bleutée depuis la route Bagdad-Bassorah. Les variations de l'extension des marais sont étudiées actuellement, grâce aux images des satellites Landsat et Spot, par l'un des plus éminents archéologues de l'Iraq, un Américain, par ailleurs farouche opposant à la guerre du Golfe et à l'embargo. Des marais il s'en forme et il en disparaît. Et il est vrai qu'il en disparaît beaucoup trop dans le sud entre Nassiryah et Al Qurnah, à cause de l'achèvement du Drain Principal, la troisième rivière, qui peut évacuer 300 m3/s d'eau saumâtre provenant du ressuyage des terres irriguées et drainées entre Bagdad et le Shatt El Arab. Ce système de drainage séparé fut conçu dès 1954 sur les conseils d'une société américaine (TAMS), puis de consultants néerlandais de la FAO, puis construit à partir des années 1970, notamment avec le concours d'entreprises russes.

L'année critique est 1972. C'est l'année du protocole d'amitié et de coopération entre l'Iraq et l'URSS, signé en avril. Et de la deuxième nationalisation du pétrole, celle de l'exploitation, le 1er juin 1972, après une courte partie de bras de fer avec l'IPC Iraqi Petroleum Company, dominée par les Anglais. L'INOC avait fermé ses robinets de maigres royalties pour tenter d'assécher la trésorerie du gouvernement iraqien d'alors qui avait confié les gisements du sud à la compagnie nationale iraqienne INOC avec une assistance technique soviétique pour le réservoir géant de Rumeilah, juste au nord de la frontière avec le Koweït.

En 1972 les Anglo-Saxons étaient furieux, car en plus la France gaulliste de Pompidou et des experts juristes de la CFP Compagnie Française des Pétroles avait aidé les iraqiens à négocier selon le droit international ! MM Nixon et Kissinger se sont rattrapés aussitôt par l'accord alors ultra-secret de Téhéran entre CIA, MOSSAD et SAVAK, accord qui fut révélé[1] en 1977 par le journal Village Voice après une enquête du Sénat sur les « covert actions » de la CIA.

En 1972, le pétrole était payé 2,5 $ par baril, vingt fois moins cher que l'eau minérale alors en Arabie. C'était la deuxième nationalisation en Iraq, car en décembre 1961, Qassem avait nationalisé les gisements non exploités ni explorés, et avait limité ainsi le champ d'action de l'IPC. Ça avait déplu : les puissances pétrolières, financières et secrètes conjuguées avaient alors trouvé des relais manipulables en quelques conjurés iraqiens baathistes à Koweït. Ce fut le levier utile[2] pour d'abord faire sauter Qassem en 1963. De même, quelques desesperados du Kurdistan furent le ferment imparable pour déstabiliser tout pouvoir en Iraq lorsque cela

---

[1] Chris Kutschera 1979, p.283
[2] Hana Batatu 1978, p.985-6

s'avérerait utile pour ces puissances masquées, en 1965, en 1972, en 1980, et même au terrible printemps 1991.

L'histoire des tentatives explicites et désormais avérées pour contrôler l'extraction du pétrole le moins cher et le plus abondant du monde a commencé très tôt !

En 1907 déjà les géologues allemands avaient produit un rapport d'études sur les sources affleurantes et les ressources potentielles de pétrole dans la Mésopotamie des trois vilayets, Mossoul, Bagdad, et Bassorah. Depuis la concession obtenue en 1898 par le Kaiser Guillaume II à Constantinople, le chemin de fer Berlin-Bagdad progressait à marche forcée. A l'automne 1913 un certain T.E.Lawrence surveillait les travaux du pont sur l'Euphrate à Jerâblous depuis son chantier d'archéologue ; il était déjà proche des services britanniques de renseignement. Il avait repéré les ponts et tunnels des montagnes du Taurus : l'Imperial Army savait donc déjà comment bloquer les convois allemands, si besoin. En juin 1914, in extremis, par la Convention de Bassorah, l'Angleterre reprenait la concession ferrée entre Bagdad et Bassorah, et changeait aussitôt l'écartement des rails, pour imposer une discontinuité.

En 1908 le britannique D'Arcy enfin faisait jaillir du pétrole au sud-ouest de la Perse avec son Anglo-Persian Oil Company, tout juste sauvée de l'abandon des forages d'exploration et de la faillite par des soutiens financiers publics. L'Amirauté lui passa secrètement en 1911 des contrats d'approvisionnement pour dix ans ; et en 1912 Churchill devenant Premier Lord de l'Amirauté ordonna que l'on passe du charbon au fuel pour la chauffe des navires de guerre de l'Empire britannique. Au lieu de 5 jours d'attente dans un port charbonnier, en position vulnérable, cinq heures suffiraient pour pomper.

Sur l'autel des intrigues impériales, la Belgique fut sacrifiée, avec son charbon et son armée courageuse. « War has been declared » dit-on à Londres le 4 août 1914 à l'heure incertaine de minuit, *de Berlin plutôt que de Greenwich*, à l'expiration d'un ultimatum anglais jugé inacceptable par le Kaiser allemand. « *Boum ! Doum ! Doum ! Le dernier coup de 11 heures résonna à nos oreilles comme le marteau du destin. Quel destin ? Qui pouvait le dire ?* »[1]

Des dizaines de millions de morts durant cette Grande Guerre, pour ce qu'il me semble avoir été, dès avant son déclenchement, les deux vrais buts d'un grand double jeu, encore mal révélé. Pour les uns : éjecter la Deutsche Bank de la Turkish Petroleum Company pour en prendre le contrôle. Pour d'autres, obtenir d'une des puissances rivales qui sortiraient victorieuses de la guerre à venir un soutien officiel au projet de Theodor Herzl[2] entériné par le Congrès de Bâle de l'Organisation Sioniste Mondiale en août 1897 et ensuite relayé par Chaïm Weizmann et Lord Rothschild à Londres : un « Etat des juifs » en Palestine.

Après le philosophe Karl Jaspers, je dirai que les responsabilités sont entièrement partagées, au moins entre nos peuples d'Europes, de Russie et d'Amérique du Nord.

Alors comment en sortir ?

L'illusion commune, c'est qu'il faudrait que chaque nation ou puissance contrôle son bon morceau de rente pétrolière, sans réfléchir à une mise en partage et à une gestion économe.

[1] Lloyd George : *Mémoires de guerre*, 1934, Fayard, p.85
[2] Theodor Herzl : *Der Judenstaat* 1896.

L'illusion dangereuse, c'est que la puissance des armes pourrait fonder le bonheur égoïste d'une nation.

L'illusion provisoire, c'est que les jeux et mouvements financiers (plus de mille milliards de dollars par jour) pourraient être gagnants sans coût ni risques, ni perdants.

L'espérance commune, c'est qu'il émerge de cette crise qui a trop duré - *La guerre de 14 va t'elle bientôt finir ?* - la fondation prochaine d'une Cour de Justice Internationale réellement indépendante des Etats, et donc pourquoi pas, élue par un suffrage universel global. On a bien fait voter les immenses contrées noires sud-africaines, après quelques mois de préparation.

Le moyen commun de compensation pour toutes les victimes de ces guerres du pétrole survenues depuis 1914, le signal clair de la co-responsabilité, ce serait une triple redevance mondiale sur les consommations d'énergie, sur les productions d'armes et sur les mouvements de capitaux entre frontières ou monnaies. Leur produit collecté par chaque nation alimenterait sainement un Fond International de Paix par la Justice et pour le Développement durable, à gérer sous le contrôle de l'Assemblée Générale des Nations Unies et d'un Conseil exécutif élu.

Mesdames et Messieurs les Sénateurs de Belgique.

De sa fondation en 1830 à votre réforme du 5 mai 1993, votre pays a bataillé pour construire, préserver, enrichir un équilibre institutionnel et progressivement démocratique entre des régions et des communautés linguistiques, pour associer des êtres aussi divers qu'ailleurs et une espérance d'avenir ensemble.

La Belgique n'est pas l'Iraq, mais l'Iraq a aussi une constitution pour « deux nationalités principales[1] et des minorités » ; depuis le 11 mars 1970, un accord permet là-bas l'enseignement, la radio et la télévision, l'administration en deux langues, kurde et arabe. Ancien expert FAO, je peux témoigner qu'en 1980 nos réunions à Suleymanyah ou à Erbil sur le développement du tabac se tenaient tout à fait légalement en langue kurde dans les bureaux administratifs iraqiens, et que l'on traduisait en arabe pour mon collègue iraqien venu de Bagdad, né dans le sud d'ailleurs ; comme je suis né à Lyon et je vis à Paris où j'ai presque perdu mon accent.

Cet accord de 1970, le *Manifeste*, avait été mis en vigueur, bien qu'incomplet car il subsistait quelques points de désaccord : les délégués kurdes insistaient alors pour que le gouverneur, le chef militaire et le chef des renseignements de chaque province kurde soient kurdes, comme si, dans le cas de la France, les trois plus hauts fonctionnaires de la Corse devaient être corses. Face au pouvoir central en 1970, les délégués kurdes voulaient que les budgets de ressources et dépenses de chaque province de l'Iraq soient autonomes. Voyez-vous une Europe des Régions sans Fonds Structuraux de compensation entre l'Ile-de-France et l'Irlande ou le Péloponnèse !

Quand au fonctionnement de la démocratie élective, disons modestement qu'en France nous venons tout juste de trouver quelques lois pour tenter d'assurer un financement clair et net de la vie politique, après des décennies douteuses d'affairisme.

En janvier 1995 j'étais à Bagdad devant M. Tareq Aziz et la télévision iraqienne, avec le Code Pénal dans ma main droite

[1] Arabe et Kurde, selon la constitution provisoire de 1970.

et le Code Electoral dans ma main gauche... J'avais écrit à la justice de mon pays pour souligner, après Claude Cheysson, René Dumont, Jean-Pierre Chevènement, Ramsey Clark et d'autres, que l'embargo maintenu en Iraq était un crime contre l'humanité. Et je crois sincèrement que l'Europe et son Parlement ont beaucoup à échanger de leurs expériences avec nos voisins de la Méditerranée et de l'Orient. Pour conclure je voudrais citer votre roi Albert II dans son discours aux jeunes le 21 juillet 1995 : « *L'aventure européenne doit continuer ; notre Union doit à la fois s'approfondir mais aussi rester ouverte...* » . Puis en évoquant *l'autre Europe* libérée récemment il ajoutait : « *Il y a là aussi un monde à reconstruire, des oppositions entre peuples à surmonter, des démons nationalistes à conjurer* ».

Pour ma part je suis lyonnais, citoyen du monde, et mon engagement vient du profond de la France. Je citerai donc le poète et résistant René Char : « Dans mon pays, on ne croit pas à la bonne foi du vainqueur » ; il dit aussi : « Tu as bien fait de partir, Arthur Rimbaud !». Allez-y, mesdames et messieurs, la vraie paix est au bout du chemin.

Dit à Bruxelles au Sénat le 28 mars 1996.

Accusés, relevez-vous ! La face cachée des droits de l'homme blanc.

... *considérant que l'ignorance, l'oubli ou le mépris des droits de l'homme sont les seules causes des malheurs publics et de la corruption des gouvernements...*

Ainsi commence la Déclaration des droits de l'homme et du citoyen du 26 août 1789, et aussi mon diagnostic acerbe sur les causes des malheurs au delà de nos frontières d'anciennes métropoles coloniales.

Ignorance, oubli, mépris, les vertus du blanchiment !

Ignorance.
Le professeur orientaliste Jacques Berque se plaisait à révéler l'égale complexité des sociétés : « *Il n'y a pas de peuples sous-développés, il n'y a que des peuples sous-analysés, sous-aimés.* ».

Tandis qu'écrivit 30 ans trop tard M.Mc Namara, chef de guerre pour 3,058 millions de morts : « *Je n'avais jamais été en Indochine. Je n'en connaissais ni l'histoire, ni la langue, ni la culture, ni les valeurs. Mes collègues et moi décidions du destin d'une région dont nous ignorions tout.* » .

Les insuffisances de la connaissance des uns par les autres ne sont pas symétriques : les livres et journaux ont coulés depuis

Gutenberg dans le flot contraire du bois, du nord vers le sud, comme les chemises des filatures anglaises à l'envers du coton colonial. Des manuscrits innombrables dorment dans les musées alors qu'ils pourraient témoigner de la richesse des cultures d'ailleurs et d'antan. Les sociologues, linguistes et connaisseurs du terrain sont très peu nombreux et rarement financés pour la seule connaissance.

Les savoir-faire artisanaux résistent mal à la mondialisation des échanges : bières de mil au Niger dite dolo contre bières danoises à publicité mondiale, araq ancestral du Proche-Orient contre anisette d'un empire commercial marseillais ; le tabbouleh, salade citronnée de persil plat finement haché, est remplacé par n'importe quoi dans nos cantines et chez nos traiteurs ; le karkadeh composé fleurs d'hibiscus séchées au soleil du Soudan, on le retrouve dans les « rote Tee Bags » des supermarchés suisses.

Non seulement l'histoire, la langue, la culture et les valeurs, mais aussi la géographie, les produits et les systèmes politiques et sociaux des autres, tout cela est mal connu des citoyens métropolitains des anciens empires.

En février 1991, en pleine guerre du Golfe contre l'Iraq, j'avais pris un congé sans solde de mon employeur et j'avais du emprunter à mon banquier pour compenser. En déclinant le lieu de naissance d'un de mes fils, je déclarai : « Bagdad ». Le banquier français leva les yeux, avec un air interrogatif : « Quel pays ? ». Alors que la France faisait la guerre à cette capitale.

Au printemps 1996, au retour d'un bref et dur voyage vers cette Mésopotamie assiégée, je ramenai avec moi des pamplemousses du marché de Babylone ; je les ai postés à une amie, fruitière de qualité en Lorraine. Peu après elle m'a contacté pour tenter d'en commander : « *Ils sont bien meilleurs que les pamplemousses californiens, moins acides, plus parfumés, et leur peau est si fine ! »*. Quelle découverte pour elle que la qualité des agrumes de cet Iraq ! Néanmoins, impossible d'en importer. *No way, UN blockade !* répondit l'écho du Club des Cinq. De même avec les oranges somptueuses de Gaza et de Jéricho/Eriha, qui étaient cotées dans les mercuriales du marché d'Alep il y a plus de deux siècles, les mangues délicieuses du delta égyptien, les bananes roses de Somalie, dont pourtant le Président Georges Pompidou se faisait livrer une caisse chaque semaine au Palais de l'Elysée.

Quand on me parle des Soudanais, j'évoque d'abord avec une ferveur convaincue leur principe pratiqué de rotation des cadres à la tête de certaines institutions publiques, dont la mise en application chez nous freinerait à coup sûr le stress des éternels seconds et les ruptures inconsidérées de manières de gestion !

Quand on me parle de l'Afrique, je vois l'arbre à palabres qu'on a coupé pour bâtir en bois tropical les escaliers de la bibliothèque nationale de France érigée au temps de l'antagonisme farouche entre les socialistes au pouvoir en France et les écologistes. Bâtir le consensus à l'ombre, en toute transparence, quelle leçon de démocratie et d'écologie !

Quand on me parle de l'Orient, je songe aux sessions dînatoires séparées des hommes et des femmes qui y débattent séparément dans leurs sphères respectives d'intérêts. Et à l'inverse je songe à l'ennui des épouses lors des dîners d'affaires obligés et des soirées diplomatiques avec messieurs et mesdames.

Oubli

Les peuples n'ont pas la mémoire courte, les vainqueurs si !

Pour un programme euroméditerranéen sur l'environnement de villes pilotes, les gens du nord et les fonctionnaires de la Commission de Bruxelles ont choisi Sétif, Iskenderun, Gaza et Beyrouth, entre autres. Une ville de révolte écrasée en mai 1945, une ville de référendum trafiqué en 1939, une ville encerclée et asphyxiée depuis 1967, une ville bombardée longuement depuis 1975. Et l'on voudrait que coopèrent à ce programme sans explications préalables, l'Algérie ruinée, la Syrie spoliée du sandjak d'Alexandrette, les Palestiniens encore bouclés, les Libanais encore occupés dans leur sud de pauvres agriculteurs de tabac et d'agrumes.

De même, les Kurdes se souviennent de Winston Churchill qui les a gazés sans vergogne dès 1919 ; les mollahs iraniens se souviennent de leur fatwah de 1868 ordonnant à la population « Cessez de fumer », face aux Anglais qui voulaient conquérir ce pays prometteur par une concession commerciale sur le tabac, ouverte à une négociation biaisée par M. Talbot, envoyé des Anglais. Comme la Chine se souviendra longtemps encore de la guerre de l'opium, la Palestine ottomane se souvient du « Jewish Colonial Trust » lancé par souscription mondiale au début du 20ème siècle.

Mépris

Il y a 20 ans, on pouvait encore couper des têtes en France, hier encore en Belgique ; en quelques États d'Amérique, le bourreau mandaté par le juge ou les jurés peut encore électrotuer ou empoisonner par voie chimique des condamnés à mort. Le Sénat des USA peut encore voter d'énormes crédits militaires et de renseignements, sans qu'aucun syndicat uni des victimes bombardées, à Managua, à Hanoi, à Santiago, à Haïti, à Cuba, à Tripoli, à Bassorah ne puisse encore demander, via le FMI, ni la modération du déficit budgétaire américain, ni des compensations.

Dans l'immense Soudan ravagé par le désordre socio-économique et l'appauvrissement dus à la hausse du pétrole en 1973 puis 1979, et par la guerre entretenue dans le Sud, les autorités s'étaient décidées vers 1984 à couper des mains aux voleurs : qu'a t'on pu alors entendre d'exécrations de l'islam ! Et pourtant alors un ami ingénieur soudanais issu de la province lointaine du Darfour, bardé d'un doctorat scientifique français, m'avait dit calmement sans honte ni gêne : « *Au moins la criminalité s'est aussitôt arrêtée dans les rues de Khartoum* ».

Les coups de bâtons pour la jeune domestique philippine violée par son maître de la Côte des Pirates au Golfe arabo-persique valent-ils mieux ou pire que les neuf années effectives de prison pour la jeune domestique ivoirienne violée par ses maîtres français, qui a été seulement récemment graciée ? Qui peut se faire juge pour comparer ces châtiments subis pour le meurtre des maîtres violeurs, qui peut juger de l'opportunité des grâces régaliennes accordées pour des meurtres à mi-chemin de l'autodéfense et de la loi du talion ?

Qui sait que le Code des Lois d'Hammourabi, conçu et gravé en Mésopotamie il y a 38 siècles était trilingue et qui sait parmi les citoyens des pays membres du Conseil de Sécurité que la Constitution de l'Iraq reconnaît depuis 1970 deux langues nationales, arabe et kurde, et des minorités ; qui sait que la radio, la télévision, et l'enseignement supérieur en langue kurde existent depuis plus de 25 ans là-bas ; que l'Université à Bagdad a une histoire de dix siècles.

Après 1918, les projets britanniques dans le cadre des mandats concoctés sur mesure dans le cadre de la Société des Nations parlaient de « backward peoples » (peuples attardés) pour désigner les populations ainsi contrôlées et Churchill parlait de tribus barbares quand il voulait les soumettre, comme hier le premier ministre Shamir parlait pour Gaza de « *cafards dans un bocal* » et le président George Bush traitait sommairement de « *Bull shit* » (crottin de taureau) un discours légaliste de son homologue iraqien du pays de Nimroud, des taureaux ailés de Khorsabad, en février 1991.

Et à Damas les dirigeants politiques en ont vraiment assez de rappeler à chaque nouveau Secrétaire d'État américain de passage les bases de l'histoire et des frontières de cet Orient compliqué par l'Occident, ne serait-ce que par les divisions du Bilad Ech-Cham au 20ème siècle, dans la tourmente provoquée par les diverses promesses contradictoires des allochtones européens.

L'imageur arrosé.

« *Vous regardez trop la télé* » dit le *guignol de l'info* à la télévision française.

Vers 1900, la presse écrite dominait la formation de l'opinion en France et les services de propagande du Tsar, entre autres influences, l'arrosaient largement afin qu'une image positive de la Grande Russie incite les Européens à acheter des emprunts russes plutôt que de la dette Ottomane d'un Sultan bien malade.

Hélas les structures capitalistiques et concentrées de la presse occidentale moderne, la gourmandise et la couardise de la plupart des journalistes des grands médias, la démission morale de citoyens nantis et à l'abri de leurs frontières, tout cela a fini par étendre à la télévision les vieilles pratiques de manipulation, qui furent bien analysées par l'américain Noam Chomsky et le belge Michel Collon[1] notamment.

Aujourd'hui, des agences intercontinentales de publicité nous vantent les produits insipides et Bons du Trésor insolvables des pays du G7, les 7 pays les plus endettés du monde.

Orientez la caméra !

Dans une rue d'Alger où j'étais il y a peu (en 1995), on peut en réalité voir parmi les femmes qui déambulent autant de minijupes que de pantalons, de robes et de voiles. Mais la caméra occidentale fixera de préférence deux femmes voilées par leur pardessus de cache-misère et le montage parviendra sans doute à couper leurs regards amusés ou agacés pour ne garder qu'une séquence vu de dos : les voilà à la fois soumises et comploteuses, ces braves ménagères d'Alger.

A Bagdad en avril 1996, une sénatrice européenne m'a assuré avoir pu compter un barbu pour sept hommes conduisant leur voiture. Heureusement que sur la photo d'une promotion complète d'étudiantes et étudiants de la faculté de pharmacie, j'ai pu lui montrer que les jeunes étaient comme chez nous, habillés dans tous les styles, et lorsque la pauvreté le leur impose, simplement. Par ailleurs, j'ai pu aussi compter que presque un conducteur sur deux était une femme dans cette capitale des Mille et Une Nuits sous embargo-blocus. Le photographe français qui nous accompagnait se contorsionnait pour tenter de toujours mettre un femme voilée et un portrait du président dans le champ du viseur : « Il faut bien faire ce qu'ils attendent, à l'Agence de presse ! » C'est ainsi que le regard de l'occident sur les autres est façonné par la production et la reproduction de clichés.

---

[1] Michel Collon : *Attention Médias. Les médiamensonges du Golfe.* EPO1992, Bruxelles.

Revenons au Soudan où je suis allé 10 fois : je n'ai jamais vu de main coupée, mais le journal de 20 heures à Paris a pu en dénicher une parmi la cinquantaine de condamnés-victimes ainsi châtiés.

Alors qu'en France, il y a 20 à 30 morts écrabouillés sur les routes chaque jour, mais que l'on voit rarement les images de ces crimes ou suicides des chauffards pressés enivrés de vapeurs d'essence et de surpuissance.

Coupez le son.
Vous avez tous pu voir en avril mai 1990 le président de la République iraqienne, exhibant, goguenard envers l'Occident chrétien, deux *détonateurs nucléaires* brandis dans ses deux mains. Si vous aviez entendu alors la bande-son originale de la TV iraqienne, vous auriez entendu à peu près, ou lu en sous-titrage : « *Ce condensateur-ci, c'est celui que les professeurs de la faculté font monter à leurs étudiants lors des travaux pratiques d'électronique ; et celui-là c'est un qu'ils ont importé pour comparer les performances... rien que de très banal.* ». Perversion du sens. Le premier impact médiatique marque les mémoires d'une trace forte, et ensuite tous les démentis ou rectifications passent inaperçus.

Créez une fausse image.
Je vous renvoie à Timisoara, au cormoran breton englué sur les rives du Golfe arabo-persique, aux moustaches modifiées pour évoquer Hitler, aux innombrables couveuses des hôpitaux koweïtiens arrachées mais seulement dans l'imaginaire des studios de pub de la société Hill and Kowlton, sur commande de la CIA, avec une fausse infirmière en pleurs. « *Il ne faut pas confondre les opérations secrètes avec le travail des missionnaires* », disait déjà Henry Kissinger après les révélations d'une commission d'enquête

du Sénat américain en 1976, sur des manipulations, déjà alors dirigées contre l'Iraq.

Mettez un écran sur le vrai.
Même Amnesty International, pourtant dûment alerté, n'a pas signalé ni protesté contre l'arraisonnement avec violences du bateau des femmes arabes pour la paix[1], complètement désarmées, survenu le 26 décembre 1990 en mer d'Oman. Les rares images sauvegardées des confiscations brutales par les US Marines seront-elles un jour montrées à une heure de grande écoute ? Avec débat ? En présence de quelques unes de ces femmes courageuses qui tinrent tête à une escouade américano-britannico-australienne ? Chiche ! Aux démocraties rien d'impossible ! Qui vivra verra. Trop tard pour les innombrables morts innocents que ces femmes voulaient éviter.

En février 1991, je fus invité deux fois au Journal de 7 heures le matin à TF1, d'abord pour parler des marais du sud de l'Iraq avec les images que j'y avais tourné, puis pour évoquer la Turquie "*qui pourrait assécher l'Iraq*" (sic !). Ce matin-là, de plus, TF1 avait reçu des " *images horribles d'un hôpital bombardé à Bassora, d'enfants déchiquetés*». Après un débat entre les journalistes, les techniciens et la rédaction, bien sûr hors de l'antenne, il fut décidé par la direction de ne pas les diffuser, soi-disant "*pour ne pas faire la propagande de Saddam*». Je cite, et je citerai peut-être un jour en justice ces complices de la guerre.

Censurées aussi les images terribles de l'envoyée spéciale d'Antenne 2 Isabelle Baechler le 13 février 1991 à Ameryah : des centaines de civils carbonisés pour l'exemple et pour

---

[1] Nassra Al Saadoon : *Le bateau des femmes arabes pour la paix.* L'Harmattan, 1996

l'essai de modèles de bombe à deux coups ; crime avec préméditation donc.

A l'inverse, où voit-on des images sympathiques de Khartoum, ville si calme et nonchalante, et de sa belle Assemblée nationale, des jardins apaisants entre Nil Bleu et Nil Blanc ; et de Tripoli, ville méditerranéenne d'un rivage adoré des Romains ?

Jamais je n'ai eu peur de sortir la nuit en douze années d'Orient, alors que passé le crépuscule sur Paris et ses banlieues, les fantasmes et les réalités se conjuguent pour générer l'inquiétude des promeneurs solitaires.

Le miroir impossible.

Lyonnais de naissance, j'ai parcouru cinquante pays et j'ai travaillé durablement dans six pays en développement, dont plusieurs sont à la mode lorsqu'on parle des droits humains : Zaïre, Libye, Syrie, Liban, Iraq. Je n'y ai guère vu sur place des reportages saisissant sur les turpitudes de la France, de l'Europe, de l'Occident. Et pourtant quels sujets de choix que les cauchemars qu'on peut y vivre, comme enfant du pays, ou comme émigré, *Gastarbeiter* ! Quel réservoir inexploité de documentaires à faire indigner nos chaumières. Voilà quelques exemples de ces poutres dans nos yeux, braqués au-delà des frontières.

Pressés comme des sardines.

Chaque matin que le dieu du travail cadencé fait, des millions de franciliens s'entassent dans la promiscuité des wagons bondés du métro et du RER, sans sourires ni paroles. Alors qu'au Caire au moins ça cause dans tous les coins et recoins. Remarquons que les mêmes français, rendus comme touristes au Caire ne prendront presque jamais le bus, ni le tramway d'avant 1900, ni le beau métro tout neuf. De peur et d'ignorance, ensemble !

Cadres mâles cravatés.
Un ruban de soie serré autour du cou, c'est cher, ça gêne le larynx et absorbe les taches, et pourtant c'est tellement ancré dans les moeurs des cadres d'affaires et de l'administration de chez nous, que bien rares sont ceux qui renoncent à ce signe tribal et reconnu de sérieux et de distinction. En tout cas la proportion de cadres quadragénaires français venant travailler sans cravate est bien inférieure à celle des jeunes filles ou femmes musulmanes sans voile, ni hijab, ni tchador. Aliénation, quand tu nous tiens !

Embouteillages.
En occident, la voiture règne ; les ânes et les chevaux ont disparu des champs et des chemins. Le pétrole brut coûte deux fois moins cher que l'eau minérale. Nos voitures sont construites pour 5 personnes, 150 km/h et 800 km d'autonomie. En réalité, plus de 50% des trajets sont fait avec en moyenne 1,2 personne à bord, à 35 km/h de moyenne ; au total chacun ne roule que 35 km par jour en moyenne. Le parc des moteurs installés en France dans nos voitures, c'est en puissance utile 7 fois le parc des centrales nucléaires. Alors que le tiers-monde arrive à peine à payer ses importations de pétrole, quel scandale majeur que cette consommation débridée et archipolluante de carburants qui nous empoisonne les poumons et les oreilles. Les banlieusards conducteurs rongés par le stress, et qui n'arrivent même pas à se parler, font tous les matins et tous les soirs des queues interminables sur les boulevards périphériques, comme les Moscovites faisaient la file devant les boulangeries, ou comme les réfugiés éthiopiens au Soudan devant l'aide humanitaire médiatisée.

Carton rose pour Amsterdam et la rue Saint-Denis.
Si j'étais un réalisateur iranien ou yéménite, j'aurai un malin plaisir à solliciter quelque subvention de la très sérieuse Banque pour le Développement Islamique à Djedda ou d'une Fondation, Shoman, Friedrich Ebert, Khomeiny ou Avicenne, pour cofinancer une série télévisuelle sur les quartiers roses bien de chez nous où de libres esclaves des cinq Continents se livrent pour quelques dizaines de dollars à des prouesses tarifées vieilles comme le monde, sans la poésie d'un Ovide à Rome ou d'un Abu Nawas au temps des califes.

Imaginez la Palme d'Or des Festivals réunis de Cannes, Ramsar, Taef, Sotchi et Baden-Baden pour un documentaire critique "*24 h dans la vie d'Olga*". Des millions de spectateurs, et le livre écrit aussitôt serait un best seller comme "*Jamais sans ma fille !*" ou "*Vendues !*". Le flux d'émigrés vers l'Europe se tarirait un peu car les parents du tiers-monde avertiraient leurs filles et leurs fils des dangers et turpitudes de la vie en rose en Occident. Peut-être que les jeunes secrétaires, ouvrières et étudiantes d'Europe n'osent plus partir visiter le Yémen, Arabia Felix, depuis que tous les kiosques à livres des gares affichent "*Vendues !*".

Discrimination.
J'ai souvent compté les proportions relatives d'hommes et de femmes en divers lieux et temps. Sur le périphérique à 8 h du matin : deux contre une. Dans le métro à 7 h du matin : deux hommes pauvres pour une femme modeste ou étrangère, mais vers 10 h deux à trois femmes pour un homme. Le soir vers 23 h, trois hommes pour une femme. Dans les grands magasins, aux comptoirs et caisses, dix femmes pour un seul homme, et même proportion pour la clientèle le matin !

Dans les conférences et colloques professionnels ou politiques en France : 3 à 8 hommes pour une femme, selon les sujets et le coût d'accès. Lors d'un séminaire méditerranéen de haut niveau sur l'environnement, organisé au printemps 1995 par les Nations Unies à Rome, j'ai observé précisément que les seules délégations mixtes, hormis celle d'Italie qui était nombreuse, venaient d'Egypte, de Turquie et de Tunisie. Tandis que France, Espagne et Grèce étaient représentées par des hommes seulement. Et que dire de l'Assemblée et du Sénat en France ! Moins de 5 % de représentation féminine en 1996.

Connaissant un peu les secteurs de la presse et de la communication en France, je peux dire qu'une femme compétente n'a guère de chances de progresser dans la hiérarchie sans honorer un certain droit du seigneur. Tout se tient. La politique reste proche de l'art des maîtres chanteurs.

Genève, juillet 1996, Conférence SASE.

J'accuse !

"Dans mon pays, on ne croit pas à la bonne foi des vainqueurs"

René CHAR, poète et résistant.

Aujourd'hui je me projetterai dans 40 ans, pour un procès à venir de la France, un procès de l'Europe, un procès aussi de l'ONU et des Grandes puissances qui contrôlent son exécutif.

Dans 40 ans, lorsque les archives d'histoire seront ouvertes sur cette période, et lorsque les enfants des centaines de milliers d'iraqiens innocents morts ou ruinés sous l'embargo-blocus des années 1990-98 seront eux-mêmes devenus des historiens, des juristes, des journalistes d'investigation, des députés, lorsqu'ils voudront comprendre les mécanismes, discerner les responsabilités, identifier les coupables et les faire condamner, obtenir des restitutions et des compensations, réhabiliter les justes alors mis à l'écart.

Dans 40 ans, ou même avant, lorsqu'on pourra enfin instruire un juste procès du génocide même plus discret qui se déroule au fond du Golfe depuis 1991, et qui trouve ses racines profondes, depuis un siècle, dans l'affrontement des puissances européennes pour le contrôle des bons morceaux de l'Empire ottoman vieillissant, et dans le jeu trouble du mouvement sioniste, qui, de l'aveu même de T. Herzl, s'appuiera sur ces rivalités pour arriver à ses fins.

Quand je dis la France, je dis ses présidents et gouvernements de 1990 à 1998, ses Ministres et hauts fonctionnaires des Affaires étrangères, de la Justice, la plupart de ses députés et sénateurs de diverses majorités et minorités, de ses élites intellectuelles ayant eu en cette période accès à la presse et aux débats télévisés, et de ses médias (journalistes, dirigeants et propriétaire). Je dis aussi sa haute hiérarchie catholique, et aussi la quasi-totalité de sa population absorbée surtout par la TV et les sports par procuration, anesthésiée par les vapeurs d'essence et les particules diesel à une époque où le pétrole brut vaut deux fois moins cher que l'eau minérale.

Ouvrons au plus tôt le procès de la présidence Mitterrand, du gouvernement socialiste Rocard, et du ministre Dumas, car c'est cette France-là qui a voté l'embargo en août 1990, et surtout qui a laissé les Etats-Unis le verrouiller en avril 1991 par des conditions de levée dont on peut plaider à l'infini la non-vérification définitive, à coup de suspicion. Ils ont laissé faire la guerre, tout en prétendant avoir exploré toutes les voies de négociations publiques ou secrètes, mais ils cherchaient surtout à en donner l'illusion.

Roland Dumas ne dit-il pas après l'épisode des dits otages à l'automne 1990 "qu'il (Saddam Hussein) n'était pas obligé de nous croire". Complices en cela des Etats-Unis, ils sont in extremis parvenus à saboter, en le négligeant, l'accord auquel certains étaient parvenus : un retrait à annoncer en présence de la France et une compensation financière de l'Arabie Saoudite au Koweït pour les dégâts des 5 mois d'occupation.

Ni eux, ni les hauts fonctionnaires ne pouvaient ignorer que la guerre programmée ferait des morts et des destructions, et pourtant le directeur de cabinet de Michel Rocard, Jean-Paul Huchon osa parler dans ses mémoires d'*exaltation* face aux événements tragiques qu'ils laissaient venir.

L'Eglise de France alors a couvert des propos de Mgr Decourtray, qui furent peut-être décisifs pour amoindrir la résistance de l'opinion catholique : "*Mieux vaut parfois la guerre que le déshonneur*». Il aurait fallu le démettre aussitôt en lui rappelant son Evangile et le commandement "Tu ne tueras point". Son repentir ultérieur ne fut pas à l'échelle de l'horreur de la guerre, ni du drame qu'était devenu l'embargo-blocus.

La plupart des médias français ont accepté toutes les censures et les manipulations, et pratiqué l'autocensure. Par exemple, un matin de février 1991, TF1 a refusé de passer des images d'un hôpital de Bassorah bombardé, des enfants déchiquetés, sous l'argument *"que cela ferait la propagande de Saddam»*. Je cite car j'étais là. Ils ont véhiculé toutes les constructions de propagande de la CIA, les couveuses arrachées, les cormorans englués. Quand il y avait une manifestation de deux cent mille personnes contre la guerre, on en montrait surtout des détails pour ridiculiser les manifestants et leurs idées.

Honte à cette France ; demandons une repentance à cette Eglise va-t-en guerre ; exigeons la réhabilitation de Marcel Trillat, un des rares journalistes à avoir protesté, et de Dominique Pradalié, mutée aussitôt pour avoir simplement donné à l'historien Roger Garaudy l'occasion de dire à Antenne 2 qu'il se préparait une guerre coloniale. Et de Isabelle Baechler dont les images terribles des centaines de morts carbonisés à l'abri civil d'Ameryah ont été censurées le 14 février 1991, en les réduisant à un brancard décent.

Demandons de réhabiliter Mgr Jacques Gaillot qui a été viré de son évêché d'Evreux, juste 48 heures avant de partir pour Bagdad, son billet d'avion prévu pour Amman le 15 janvier

1995 en témoigne ! Il avait aussi cosigné dès juillet 1992 une lettre au président François Mitterrand, dénonçant l'embargo. Demandons à insérer dans les manuels scolaires des jeunes générations le fait que l'Abbé Pierre, la personnalité morale la plus appréciée des français dans ces années 90, faxant lui-même à l'AFP en avril 1995 depuis sa Halte d'Esteville une déclaration contre l'embargo, ne fut pas cité par la presse.

Regardons de près le fonctionnement de cette AFP et de la grande presse parisienne : lorsqu'en janvier 1994 le correspondant de l'AFP écrivit de Bagdad qu'il y avait eu 400000 morts en Iraq du fait de l'embargo, cette dépêche ne fut pas publiée par les grands quotidiens. On a pu la lire dans les journaux algériens en français. Rappelez-vous qu'en 1991 et 1992, des journalistes affirmaient que ces morts de l'embargo, c'était des statistiques truquées par le régime, alors qu'elles avaient déjà l'aval d'universitaires de Harvard et d'organisations internationales de l'ONU, OMS et UNICEF. Et je peux témoigner que la ministre Simone Veil m'a rendu presque aussitôt le dossier sur la surmortalité infantile que je lui avais remis en mains propres le 23 mars 1993 ; et que son ministère de la Santé a refusé de donner un soutien à une demande de visas pour des enfants de l'Iraq sous embargo qu'il aurait fallu faire venir pour être soignés quelque temps en France. Combien ont ainsi contribué au verrouillage d'un camp de la mort lente, ce camp du chômage forcé, de la désespérance ?

Quelles étaient donc les pressions qui s'exerçaient envers François Mitterrand et Roland Dumas, et puis Edouard Balladur et Alain Juppé ? Que craignaient-ils donc vis-à-vis du pouvoir américain ou du pouvoir israélien ? Que l'on révèle des arrangements financiers anciens, des compromissions d'affaires avec les milieux pétroliers ? Et pourquoi donc n'ont-ils pas eux-mêmes dénoncé le fait que

James Baker ait des actions dans une compagnie pétrolière active au Koweït ? Pourquoi n'ont-ils pas eux-mêmes dit que le père de Norman Schwartzkopf avait été l'homme de la CIA en Iran pour y renverser le premier ministre Mossadegh en 1953, parce qu'il avait nationalisé le pétrole ? Pourquoi n'ont-ils pas consulté et écouté les spécialistes universitaires du Proche-Orient ? Et quand Alain Juppé ministre des Affaires Etrangères a reconnu que la Résolution 687 du cessez-le-feu avait été si mal tournée qu'on ne pouvait que difficilement l'appliquer pour faire cesser l'embargo, pourquoi n'a-t-il pas demandé à ses juristes internationalistes de plaider l'invalidation. Il savait bien que chaque jour qui passe avec cet embargo-blocus, ce sont des centaines de morts innocents.

Et pourquoi les gouvernements et les hauts fonctionnaires ont-ils bloqué pendant plus de 2 ans les contacts diplomatiques directs entre la France et l'Iraq ; pourquoi même TOTAL ne pouvait-il pas réunir dans un cocktail le représentant de l'Iraq à l'Unesco et le directeur du Quai d'Orsay pour le Moyen-Orient, à qui le cabinet de Balladur imposait la passivité ? Et pourquoi a-t-on envoyé ensuite à Bagdad un premier chargé d'affaires qui avait pour instructions de ne rien dire et de ne rien faire, vraiment à l'image de ce gouvernement Balladur paralysé sur la question de l'Iraq.

Parlons de nos intellectuels fameux. Certes René Dumont, à 84 ans, est allé en Iraq dès septembre 1991, et depuis il a souvent écrit contre l'embargo ; Félix Guattari, Régis Debray ont écrit contre l'embargo, avec de rares autres, notamment ceux et celles qui ont lancé la pétition dite du 26 juillet 1991, qui a reçu 4000 signatures. Quelques artistes ont pu être mobilisé(e)s en avril 1992, mais sans écho médiatique. Lors des massacres massifs au Rwanda en 1994, plusieurs personnalités se sont réunies à l'Odéon : à la tribune André

Glucksmann a parlé des "cinq génocides du XX ème siècle", *l'arménien, le juif, le biafrais, le cambodgien et le rwandais*. Intervenant aussitôt depuis la salle pour y ajouter "l'iraqien, le seul voté par la France", je me suis fait questionner par Bernard Kouchner "Vous êtes qui, vous ? ". Ce qui paraissait lui importer, ce n'était pas le message, c'était l'émetteur...

Depuis, grand silence sur le banc des intellectuels et des artistes, on laisse tourner le très long scénario de l'étouffement d'un peuple par l'embargo-blocus, là-bas, très loin, en Iraq où personne ne va voir.

En cette année 1998 des partis qui s'étaient prononcés clairement contre l'embargo-blocus sont au gouvernement pluriel de la France. Ce sont le Mouvement des Citoyens de J.P. Chevènement, les Verts et le Parti Communiste. Peut-on espérer qu'ils se mobiliseront fortement pour donner à ce gouvernement le simple courage d'affirmer haut la seule position digne de la France, la levée immédiate de l'embargo-blocus qui tue des civils en Iraq ? N'attendez pas de vous engluer dans les compromis du pouvoir. Votre participation au gouvernement vous rend désormais co-responsables de cette terrible passivité de la politique étrangère de la France au Moyen-Orient.

Ouvrons aussi le procès du Parlement Européen. Lorsque Claude Cheysson y était président du groupe socialiste, il avait préparé une mission d'informations en Iraq pour l'automne 1992 en marge d'un voyage au Moyen-Orient. Il l'avait déjà annoncé à la presse, mais il fut bloqué par un veto administratif et financier. Le programme humanitaire européen ECHO eut d'importants crédits, mais jusqu'en 1997 ils furent essentiellement réservés à la région kurde d'Iraq, autonomisée sous protection américaine. Discriminatoire, ECHO ? Enfin au printemps 1997, lorsque la Commissaire

Emma Bonnino eut enfin le projet de se rendre en Iraq central, où avaient commencé à œuvrer quelques associations d'action humanitaire européennes, les Anglais ont tout tenté pour saboter le voyage, puis minimiser les contacts prévus à Bagdad. Les parlementaires européens saisis de la question de l'Iraq par courrier ou des contacts personnels se sont heurtés à des murs. Le Parlement européen est prompt à proposer une mission en Algérie, mais a-t-il regardé de près les conséquences mortelles de l'embargo maintenu avec l'accord passif de la France et par les efforts actifs du Royaume-Uni ?

Ouvrons aussi le procès de l'ONU, et en tout cas tirons déjà les leçons des contradictions constatées dans l'application du droit international. La non-séparation des pouvoirs exécutif et judiciaire au niveau de l'ONU est flagrante, ainsi que l'application de deux poids et deux mesures à l'Iraq et à l'Etat israélien. N'importe quel paysan du tiers-monde le dit, mais pas un gouvernement occidental n'en convient pour proposer une réforme de fond. La Cour de Justice Internationale n'est pas indépendante puisque le Conseil de Sécurité a pu la dessaisir. La population ainsi mise sous le verrou de l'embargo-blocus n'a pas le droit à la parole face au Conseil de Sécurité, encore moins à une défense équitable.

Les Etats-Unis lancent des accusations sans produire des preuves, ils violent les procédures, et trafiquent les rapports d'experts avant publication ; ils sont évidemment juge et partie, et personne ne trouve rien à en redire au point de claquer la porte de ce simulacre de tribunal qu'est le Conseil de Sécurité. Ils ne paient même pas leur cotisation à temps. Il apparaît que la France commence à s'impatienter des manœuvres américaines, que le représentant français émet parfois à New York des remarques déplaisantes ; mais alors que la France le dise haut et clair, c'est presque le monde entier qui la soutiendra.

J'accuse ainsi la France, son gouvernement et la plupart de ses députés, de lâcheté et de complicité de crime contre l'humanité. Aucun n'a démissionné pour protester contre cet embargo-blocus qui tue, mais sans doute, plus tard, personne ne s'estimera responsable des 700 000 morts et plus : on dira que c'était sous la pression des Américains. Certains oseront dire qu'en 1992, 93, 94, 95 ils ne savaient pas grand chose de l'Iraq, à part le nom de son président. J'accuse cette France d'ignorance, de passivité, j'accuse la plupart des médias français de couardise et de soumission aux pouvoirs financiers. J'accuse le Parlement Européen de pratiques discriminatoires, d'ignorance, et d'extrême lenteur dans le traitement des pétitions qui lui sont soumises quand il s'agit de l'Iraq.

J'accuse les Grandes Puissances du Conseil de Sécurité de crime contre l'humanité, défini selon le Code Pénal français, article 211.1 par la *soumission, dans le cadre d'un plan concerté, de toute une population définie selon un critère national, ethnique, religieux ou autre, à des conditions d'existence de nature à détruire totalement ou partiellement cette population*. Fin de citation. En soumettant tout un pays au chômage forcé, par le blocage aux frontières de son économie, l'embargo-blocus imposé à l'Iraq détruit les forces vives de son peuple.

Des plaintes ont été déposées en France et dans d'autres pays d'Europe, le peuple d'Iraq attend l'ouverture d'une réelle instruction, il espère qu'il y a quelque part une justice libre.

Dit le 15 janvier 1998 à la Cité Internationale de Paris.

Vivement le pétrole à 600 eurodinars/m3 !

Qui sait ce que contient un baril et donc connaît le prix du pétrole en litres ! Que faire pour s'en passer, par quoi le remplacer ? En droit, à qui appartient ce pétrole enfoui sous terre ? Faute d'y réfléchir, on ne verra pas que le pétrole est au cœur des guerres depuis 100 ans, de la création de nouvelles frontières, de l'injustice entre nations, de leur espoir inégal, de la concentration humaine vers les villes, de la dégradation des terroirs, plus grave que celle de l'atmosphère. Quand le pétrole était à 15 $, un consultant américain pour l'Autorité Palestinienne se proposait à 1300 $ par jour ! Soit 13800 litres de pétrole pour le travail d'un jour ! Combien faut-il de centaines de chevaux pour labourer autant que des tracteurs avec 13800 l de gasoil ? Où est l'équilibre de l'échange, la justice et la solidarité pour le développement durable ?

En Mésopotamie, les Sumériens exploitaient les gisements affleurants de pétrole pour bitumer les terrasses et chaussées, et entretenir des feux. Les concurrents étaient le bois et les roseaux, l'huile d'olive ou de sésame, le suif. Plus tard les Abbassides épuisèrent le bois de la plaine, puis leurs réserves d'or pour payer des montagnards bûcherons, et bientôt les Seldjoukides prirent le dessus. L'Empire Ottoman riche de ses forêts put fondre les canons et glaives nécessaires à son expansion jusqu'à ce que les empires d'Europe passant de la voile à la vapeur trouvent dans leur expansion coloniale et leurs innovations les moyens de leurs volontés de puissance.

Dans l'Amérique de la Guerre de Sécession, l'alcool de canne et de maïs, essentiel pour l'éclairage, fut lourdement taxé pour financer la guerre, et soudain le pétrole lampant, non taxé, devient moins cher que l'alcool agricole. Ceci fit la fortune de Drake, Rockefeller et d'autres, car aux Etats-Unis le sous-sol appartient aux propriétaires du sol, aux riches et aux forts. Avant la fin du 19ème siècle, les brevets d'Otto et Diesel, et la première usine de moteurs Diesel en 1893, aboutirent aux 1000 automobiles par jour aux Etats-Unis en 1900. Les cuirassiers allemands avaient la chauffe au fuel et ne s'attardaient plus dans les ports charbonniers.

Cette explosion d'une nouvelle demande pour le pétrole orienta les stratèges et financiers vers la Mésopotamie : l'autrichien Tietze signala en 1879 le gisement exceptionnel de Kirkouk et des suintements à Koweït. Guillaume II est venu en 1898 à Constantinople soutenir les projets de la Deutsche Bank : le chemin de fer Berlin-Bagdad-Bassorah, concédé peu après et mis en chantier, devait pouvoir ramener le pétrole de Mossoul, et amener les canons et camions militaires. En 1907 un rapport allemand précise les sources affleurantes de pétrole en Mésopotamie. De 1895 à 1914 les Anglo-Saxons étaient dans le Golfe pour signer des accords avec des petits chefs soudoyés, à Koweït, à Bahreïn. En Perse, les Britanniques empêchèrent les Russes de construire un pipe de Bakou au Golfe, Bakou où Staline et Lénine en 1905 ont tant agité la classe ouvrière du pétrole que les frères Nobel et Rothschild revendirent leurs parts.

En mai 1901 le britannique D'Arcy obtient du Shah une concession pétrolière ; il fore de 1902 à 1905 près du futur Iraq, trouve du pétrole abondant en mai 1908 à « Maidan-i-

Naftan » la plaine de l'huile. Fin août 1907, les empires britannique et russe se partagèrent la Perse. Soutenu discrètement par l'Amirauté, puis par la Burmah Oil à capitaux écossais, D'Arcy fonde en 1909 l'Anglo-Persian Oil Co, dont Churchill prit le contrôle en juin 1914 pour assurer l'approvisionnement de la Navy convertie au mazout en 1912 pour maintenir son avance sur la flotte allemande. Les Britanniques renforcèrent leur installation de Bassorah, freinèrent les travaux ferroviaires allemands en opposant leur concession des ponts et reprirent la concession Bagdad-Bassorah en juin 1914.

A Constantinople le Sultan Abdül Hamid avait refusé la mainmise sur le Koweït et l'installation en Palestine du Jewish Colonial Trust proposé par Theodor Herzl, qui dépité fait étudier en 1903 la possibilité d'une installation au Sinaï près d'El Arish et fait inspecter les gisements pétroliers près de Suez. En juillet 1908, les Jeunes-Turcs de Salonique et leur Comité Union et Progrès prennent le pouvoir, déposent le Sultan en avril 1909 et valident la séparation du caïmacan de Koweït, désormais protégé par les Britanniques. En octobre 1908 la Bosnie est annexée par l'empire austro-hongrois, la Crète rejoint la Grèce. Le dépeçage de l'Empire Ottoman commence. La Grande Guerre, annoncée dès 1911, éclate à l'été 1914.

En 1915 une note d'Herbert Samuel, ministre anglais, futur Haut Commissaire en Palestine, sur l'importance des gisements pétroliers de Mésopotamie amorça les négociations entre Paris et Londres pour le partage d'influences dans l'Empire Ottoman. L'accord secret Sikes-Picot fut signé en mai 1916 et notifié aux Russes : à la France une zone incluant les actuels Liban et Syrie et la province de Mossoul, aux Britanniques les provinces de Bassorah et Bagdad, et une part de Transjordanie, la Palestine restant sous influence partagée.

A l'automne 1917, soutenu par des réseaux occultes pourvus de l'or américain, le général britannique Allenby progresse depuis Gaza, perce les lignes ottomanes, entre à Jérusalem le 11 décembre et prend Damas avant les Français, qui ne débarquèrent à Beyrouth que peu avant l'Armistice.

La Syrie fut revendiquée à la Chambre française par les députés proches des soyeux lyonnais, et dès le 1er décembre 1918, face à Lloyd George à Londres, Clémenceau lâche la province de Mossoul : Poincaré et lui n'eurent que peu après conscience de sa valeur stratégique et l'armée britannique l'avait occupée à marche forcée. De Bagdad occupée, Sir Percy Cox avait aussitôt câblé à Londres : « *Je propose que nous conservions la Mésopotamie sous contrôle britannique. Il ne faut point qu'elle puisse s'unir politiquement au reste du monde arabe* »[1].

Par le protocole de San Remo en avril 1920 la France récupéra de la Deutsche Bank 25% de la Turkish Petroleum Company qui devint en 1928 l'IPC (Iraqi Petroleum Company) ; les britanniques en gardaient le contrôle, qu'ils durent partager avec les compagnies américaines. Dès février 1922 Churchill écrivait "*Je suis parvenu en toute indépendance à la conclusion que tant que les Américains seront exclus d'une participation dans le pétrole d'Iraq, nous ne verrons pas la fin de nos difficultés au Moyen-Orient.* "[2]. Les Américains bloquaient la création de la SDN qui aurait à valider les Mandats.

---

[1] Cité par Jacques Dauphin dans «*Incertain Irak* », rédigé en 1953 par le fondateur et correspondant de l'AFP à Bagdad, publié en 1991 seulement par Geuthner, Paris.

[2] Archives du Colonial Office, lettre citée par Helmut Mejcher, dans « *Imperial Quest for Oil : Iraq 1910-1928* », Ithaca Press Londres.

Une Monarchie soutenue par les Britanniques en Iraq dura jusqu'au 14 juillet 1958 puis le régime progressiste de Qassem nationalisa les gisements non exploités, mais pas encore l'IPC sise à Kirkouk. En 1963, la CIA, depuis son antenne au Koweït, aida à faire changer le régime en Iraq, comme en Iran en 1953 contre le premier ministre Mossadegh qui avait nationalisé le pétrole.

En Iraq au printemps 1972 l'URSS aide l'Iraqi National Oil Co à explorer et exploiter le pétrole de basse Mésopotamie ; dès lors le régime baasiste iraqien mène l'épreuve de force contre les Anglo-Saxons installés depuis 1928 à Kirkouk, et le 1er juin 1972 l'Iraq nationalise tout son secteur pétrolier. Les Anglo-Saxons sont furieux. La guerre mondiale secrète reprend. Le Kurdistan est déstabilisé à nouveau par la CIA et le Mossad à partir de juillet 1972 ; puis l'accord de 1975 négocié à Alger pour régler le contentieux frontalier entre Iran et Iraq est peu à peu saboté pour mener les 2 pays à la guerre en 1980, pour 8 ans. A la fin l'Iraq est endetté, on fait baisser le prix du pétrole, et hop un casus belli, un plan de communication truquée, et la tempête du désert est là, avec Norman Schwarzkopf, fils du Schwarzkopf qui avait mené l'opération Ajax contre le gouvernement Mossadegh en Iran. Le chef de guerre est George Bush, ancien patron de la CIA, issu des milieux pétroliers ; James Baker, son bras droit aux affaires étrangères avait des actions dans le pétrole koweïtien.

Après l'Iraq, le 2ème grand bassin de gisements le moins cher, c'est la Péninsule arabique. Aux premières décennies du 20ème siècle, les Américains armèrent les tribus wahhabites pour que leur contrôle s'étende, notamment vers la Mésopotamie ; les Anglais tentaient de même avec les Hachémites dans le Hijaz. Un royaume saoudien en émergea. En février 1945 en Mer Rouge, Roosevelt et Saoud scellèrent une alliance stratégique, consolidant l'ARAMCO au profit exclusif des pétroliers américains, garantissant une protection à la dynastie saoudienne, laissant la démocratie et les droits humains au vestiaire.

Le prix du pétrole résulte des rapports de force entre les détenteurs ou contrôleurs des grands gisements les moins chers. C'est de l'inconscience ou de l'esbroufe que de faire croire autre chose. Pour augmenter la production en Mésopotamie de 1000 m3/jour, il faut 40 fois moins d'investissement qu'au Texas ou en mer du Nord. Dans un monde ultra-libéral que les USA font mine d'appeler de leurs vœux, un Etat mésopotamien libre aurait vite acquis le contrôle mondial du marché pétrolier, puisqu'il pourrait éliminer les autres en poussant à la baisse. Pour décider sur le pétrole, il y a la guerre ou le consensus. Depuis 1900, ce fut la guerre : Mésopotamie, Roumanie, Algérie, Dhofar, Vietnam, Biafra, Angola, Malouines, Golfe, Congo, Tchétchènie, Afghanistan, Sri Lanka, Sud Soudan. Le profit est tel à capter du pétrole pas cher pour le revendre cher que rien ne résiste. Rockefeller, le fondateur de la Standard Oil of California disait déjà vers 1885 : "*Dans le Big Oil, deux choses comptent : contrôler le grand gisement le moins cher, et développer la consommation.*"

Alors quel objectif poursuivre pour le consensus entre nations constituées dans des frontières qui sont toutes des cicatrices de l'histoire ? Quel partage de la rente pétrolière et gazière entre divers gisements à divers coûts pour des produits vendus autour d'un prix commun ? Pour le développement durable, le prix du pétrole devrait être sur chaque terroir macro-régional à un niveau proche de l'équivalent produit localement avec les ressources renouvelables. Imaginons en Europe le pétrole à 600 € le m3, 4 F le litre, 84 $ le baril.

La plupart des voitures rouleraient avec 3 ou 4 personnes, au lieu de 1,2 en moyenne actuellement, soit 100 kg transporté par une tonne, dans cette ère de pétrole pas cher et gaspillé. Un prix beaucoup plus élevé, la priorité partout aux véhicules à peu près pleins, moins polluants par personne-km transporté, cela ferait 3 fois moins de voitures, plus du tout d'embouteillages. Les chauffeurs routiers se convertiraient au petit fret électrique à courte distance entre nos innombrables gares, les usines et commerces, sans pollution locale ni bruit. On mangerait plutôt des produits locaux et de saison, pour éviter que les tomates ne traversent en camion le Maroc et l'Espagne en hiver tandis que d'autres tomates descendent des serres de Hollande chauffées au gaz. On irait à sa résidence de campagne par abonnement au train, relayé par un véhicule électrique chargé à la gare par le courant des barrages amortis de la SNCF.

Immeubles et maisons seraient mieux isolés, dans le neuf et en réhabilitation, pourvus de chauffe eau solaires et d'appareils ménagers performants. La plupart des villages et villes moyennes auraient un réseau de chaleur alimenté par les résidus forestiers et des industries du bois revigorées et en plaine par les tailles de haies que nos betteraviers et céréaliers auraient le bon goût de replanter dans nos paysages. Nos agriculteurs produiraient des biocarburants en respectant des consignes environnementales plus exigeantes qu'aujourd'hui. Avec les terres à céréales aujourd'hui exportées, on ferait plus de la moitié de nos besoins en carburants, très réduits par le covoiturage spontané ou e-organisé !

De rares centrales nucléaires produiraient en cogénération courant et chaleur distribués pour les grosses villes. On partirait moins souvent en avion en Thaïlande pour une semaine de vacances ou à New York pour 2 jours d'affaires, en polluant directement l'atmosphère sans même payer la fameuse TIPP, la taxe intérieure sur les produits pétroliers. On partirait plutôt en croisière en paquebot avec des vélos à bord, des canots, des tickets de train, pour découvrir les îles de la Mer Egée, les ziggourats sumériennes, les rizières du Tonkin, les collines des Aurès, les trains ineffables du Rajasthan, de l'Arménie et de l'Ethiopie, et les steppes de l'Amérique bientôt sillonnées par des TGV.

Enfin pourquoi des eurodinars ? Parce que dans le cours de la négociation du consensus pour un monde nouveau, on pourrait faire entrer un panier de monnaies des pays producteurs du tiers monde, du Venezuela à l'Iran et au-delà, dans le panier de l'Euro. Voilà une monnaie qui aurait les meilleures réserves sous terre et de vastes champs de coopération durable devant elle. N'oublions pas que le dinarius était romain et que Europe était une belle Levantine enlevée par Zeus. Au diable les frontières et les rentes qui fondent la guerre.

Paris, 2001, publié en arabe à Saïda, Liban.

Delenda est « San Francisco »!

A l'ouverture d'un colloque tenu à Paris le 12 janvier 2002, Régis DEBRAY, ancien camarade de lutte de Che Guevara, devenu médiologue, notait avec justesse *« l'hypervisibilité des actes de violence et une sous-visibilité des causes de la violence »,* dans une société occidentale où l'on ne voit *« que ce que les caméras nous montrent »* et où « *on ne lit plus* ». La société civile des nations a beaucoup à faire pour éclairer, connaître, comprendre et atténuer les causes des violences.

D'abord abordons les textes en face, ne nous contentons pas des extraits réducteurs choisis par les pouvoirs et les média. Depuis le 11 septembre 2001, la plupart des média, commentateurs et politiques en Occident ont occulté, minimisé, voire raillé les motivations et buts géopolitiques de l'organisation Al Qa'ïda, pourtant très explicites dans de nombreux entretiens de Oussama Ben Laden publiés depuis la guerre du Golfe contre l'Iraq en 1991.

Ainsi dans Le Monde Diplomatique de janvier 2002, Pierre Conesa, un conseiller du ministre français de la Défense témoigne de sa courte vue, voire incompétence, en considérant de façon restrictive Al Qa'ïda comme une *secte millénariste* : *« Les références (de son chef) sont exclusivement religieuses. »... « Il n'établit en revanche aucun lien avec des situations politiques locales, comme la levée de l'embargo en Iraq ou la situation en Algérie... ». « Cette religiosité débouche sur un millénarisme qui imprègne les discours du chef d'Al Qa'ïda et réduit le politique à la portion congrue. ».*

Bernard-Henri Lévy affirme péremptoirement[1] : « *Et on ne rappellera jamais assez que Ben Laden se moquait de la misère du monde, qu'il n'avait cure du drame palestinien...* ». Le Monde des Livres[2] a publié des critiques sur 8 ouvrages relatifs aux évènements, plus une liste de 16 ouvrages, en omettant, consciemment ou par inadvertance, un livre de décembre 2001[3] rassemblant des traductions françaises complètes de 8 entretiens où Oussama Ben Laden est très explicite sur les buts de sa stratégie géopolitique, et allusif sur les moyens.

Or à lire les textes complets, on y découvre un diagnostic géopolitique fort, étendu à plusieurs continents, et cohérent, et des buts géopolitiques clairement affirmés depuis plus de 6 ans.

Y sont évoquées précisément et à plusieurs reprises les situations en Afghanistan, Algérie, Arabie, Birmanie, Bosnie, Cachemire, Egypte, Indonésie, Iran, Iraq[4], Israël, Jordanie, Liban, Libye, Nicaragua, Pakistan, Palestine[5], Somalie, Soudan, Tchéchènie, Yémen, et aux Etats-Unis. Le diagnostic est anti-impérialiste : « *Nous sommes contre le système qui fait des autres nations des esclaves des Etats-Unis, ou qui les force à hypothéquer leur liberté économique et politique* »[6] .

---

[1] Le Monde 21/12/01

[2] Le Monde des Livres du 11/1/02

[3] SFAR, Mondher. *Le spectre du terrorisme*, Paris : Ed. Sfar, déc. 2001.

[4] sur l'Iraq, voir par ex. l'entretien avec ABC du 26 mai 98, ib. p. 161, et avec Al Quds Al-Arabi en nov. 96, ib. p.135-6, ou avec CNN en mars 97, ib. p.168.

[5] sur la Palestine, voir par ex. entretien ABC 26 mai 98, ib. p.151.

[6] entretien avec le journal pakistanais UMMAT publié le 21/09/01, ib.p.87.

« (l'Amérique) occupe cette région (du Golfe) et détient le pétrole » (sept. 98, ib. p.124). *« Nous croyons que les Etats-Unis sont directement responsables des morts en Palestine, au Liban et en Iraq ».*[1]

L'influence excessive des média est reconnue, *« tenant le peuple occupé avec des problèmes mineurs »* (été 96, ib. p.212). *« Le monde d'aujourd'hui est celui de l'opinion publique, et le sort des nations est déterminé à travers sa pression »* (ib.p.88). *« L'Amérique s'est accaparé les médias et elle s'est rendue maîtresse d'un énorme pouvoir d'information au moyen duquel elle pratique deux poids deux mesures selon ce qui l'arrange. »* (sept. 98, ib. p.106). *« Le monde est devenu un petit village »* (nov. 96, ib. p.138). Les accusations de collaboration avec les Américains sont fermement rejetées. Il est fait distinction entre convergence temporaire d'intérêts (à partir de 1980, en Afghanistan) et collusion organisée. (sept.98, ib. p.124).

L'opposition est ciblée sur un système, non pas contre toute une civilisation : *« Il y a beaucoup de gens innocents et de bon cœur en Occident » ; « Les gens bien et civilisés on les trouve partout »* (ibidem 7/11/01, p. 96-7). *« Nous faisons néanmoins une différence entre les gouvernements occidentaux et les peuples occidentaux. »*[2]. Mais les discussions sur la question de la responsabilité des citoyens et des élus dans un système démocratique *« où ils paient des impôts à leur gouvernement »* ne sont pas éludées.[3]

Les références à l'iniquité du système actuel des Nations Unies sont fréquentes et précises : *« qui accepterait que*

---

[1] entretien avec Peter Arnett, CNN en mars 97, ib. p.167.
[2] entretien ABC du 26 mai 98, ib. p.154.
[3] entretien du 7 novembre 01 avec Hamid Mir, ibidem p.95, et aussi sept.98, ib.p.106.

quand on porte plainte devant ce tribunal, si nous sommes accusés, alors le châtiment est appliqué dans toute sa rigueur, sous couvert fallacieux de la légalité internationale ; et si nous sommes les victimes, l'Amérique utilise alors son droit de veto contre nous. » (sept. 98, ib.p.103). « *Aujourd'hui les Etats-Unis ont établi une double norme, désignant comme terroriste quiconque s'élève contre leur injustice* » (CNN, mars 97, ib. p.172).

Le but géopolitique est affirmé sans cesse depuis plusieurs années : « *le retrait de toutes les troupes (américaines et marginalement européennes) de la région (de la péninsule arabe) … et l'arrêt de tout soutien matériel aux juifs en Palestine* »[1] , « *que notre terre soit libérée des Américains* »[2], « *mettre fin à leur main mise sur nous* » ... « *lutter contre ces occupants... et les châtier avec les mêmes méthodes qu'ils utilisent contre nous* » (sept.98, ib. p.108-9). « *Ce pays (l'Arabie) tenu par un régime oppressif, corrompu et tyrannique que (l'Amérique) soutient et qu'elle contrôle.* » (ABC 26 mai.98, ib. p.150). « *Rassembler toutes leurs forces dans la lutte contre les Américains et les Sionistes* » (ABC 26 mai 98, p.152), « *inévitablement déplacer le combat sur le sol américain* » (ABC… p. 163). « *Les Etats-Unis vont amener (les proches de leurs victimes en Iraq, en Palestine et au Liban) à transférer la bataille à l'intérieur des Etats-Unis* » (CNN, mars 97, ib. p. 175). Face à cela, la nécessité de moyens organisés et adaptés est assumée : « *Al Qa'ïda a dans ses rangs des jeunes gens modernes, compétents, qui connaissent...bien les failles du système financier occidental...* » (Ummat, 28/9/01 ib. p.89).

On est ainsi bien loin des représentations simplistes répétées depuis le 11 septembre par les plus hautes

---

[1] entretien avec le quotidien Al Quds Al-Arabi, nov. 96, ib. p. 137.
[2] entretien pour Al-Jazeera, sept. 98, ibidem, p.100.

autorités américaines, et par les innombrables commentateurs occidentaux, qui ont peu vécu dans les pays-victimes et ne parlent par leurs langues, et qui ne lisent tous, dans les quotidiens, que les mêmes morceaux choisis traduits. Certes il faut bien connaître le contexte socioculturel et historique de la péninsule arabique, et de l'Asie musulmane pour ne pas se laisser embrouiller par l'enrobage et les références islamiques de ces entretiens de presse.

Alors quand on a vécu dans les divers pays-victimes, que l'on connaît aussi les principes, institutions, publications, représentations et insuffisances de l'occident rationaliste, où néanmoins les média tiennent les peuples *occupés par des problèmes mineurs*, **que doit-on dire de sérieux, explicatif et universellement admissible sur cet affrontement global et si asymétrique ?**

D'abord, le pétrole est de loin le n°1 parmi les matières commercialisées dans le monde, pour une valeur d'environ 1 milliard de $ par jour. Le baril de pétrole est vendu moins cher que le baril de xyz-cola, comme l'a dit le président vénézuélien Hugo Chavez. Le maintien de ce bas prix très inférieur à sa valeur d'usage et la non-constitution d'un monopole en Mésopotamie ne résultent que des pressions concertées durables sur les pays producteurs à faible coût de production, l'Iraq (moins de 1$/baril), l'Arabie (environ 3$/baril) et l'Iran, par les très gros consommateurs-gaspilleurs (USA : 15 millions de baril/jour) qui ont un coût de production élevé (USA # 12 $/baril).

L'Armée américaine a un budget en 2002 de 315 milliards de $. L'instituteur et le petit fonctionnaire afghan en 2002 ont un salaire mensuel de 30 à 50 $, guère mieux que les combattants des années 1980 et 90, disons 600 $ par an. Le budget annuel de cette armée américaine pourrait donc prendre en charge plus de 500 millions de tels afghans ! En tout cas il a pu aisément prendre en charge quelques dizaines ou centaines de chefs de clans afghans, s'ils étaient joignables par téléphone-satellite. Au sud du Liban, au Kurdistan d'Iraq, de Turquie ou d'Iran, dans les maquis algériens, dans les marais et savanes du sud-Soudan, les gens réclament à peine plus, 100 $ par mois suffisent bien souvent. Mais la dette nette du Trésor public américain (1000 à 2000 milliards $ depuis longtemps) est telle que ce budget de l'Armée américaine est en fait payé par le reste du monde. Par l'inflation dans le reste du monde, qui paye mais ne décide pas.

La plupart des Occidentaux, qu'ils soient agriculteurs, manœuvres, chômeurs ou universitaires, peuvent aller sans visa ou avec un visa coûtant moins de 50 euros dans la plupart des pays en développement. En revanche les citoyens de pays d'ancienne culture, tel que le Liban, le Laos, le Pakistan, l'Iraq et tant d'autres, doivent attendre des semaines et témoigner de quelques milliers de $ ou d'euros en banque, pour recevoir… ou se voir refuser un visa vers nos pays, nos pays de grande histoire coloniale.

Les affaires du monde, lors de conflits, ne sont pas réglées par une Cour de Justice Internationale, qu'on a vue dessaisie de l'affaire libyenne, ni par l'Assemblée Générale des Nations Unies qu'on a vue être contrainte à renier son vote largement majoritaire, ni par un Secrétaire Général souvent menacé par les défauts de paiement du membre permanent américain au Conseil de Sécurité, mais par un club de 5 membres permanents qui se tiennent par la barbichette avec leur droit de veto et leur poker menteur nucléaire.

Comme je suis citoyen de France, je dois rappeler qu'à la veille de la guerre du Golfe contre l'Iraq, le 16 janvier 1991 à l'Assemblée Nationale française, tous les partis représentés alors ont dit que l'application du droit par la force trouvait certaine justification pour créer un précédent, qui ne devrait pas rester sans suite au Moyen-Orient. Voir au Journal Officiel de la République Française du 17/1/1991 les édifiantes déclarations de MM Rocard (PS), Stasi (UDC), Lajoinie (PCF), Deniau (UDF), Mauroy (PS), Chirac (RPR), Mme Stirbois (FN), et le premier ministre Rocard à nouveau. Plus de 11 ans après ces belles promesses, il y a eu plus d'un million de victimes civiles en Iraq, par un embargo verrouillé revoté maintes fois par la dite France, et, envers Palestine/Israël, il n'a eu aucun effort contraignant ni de la France ni de l'Europe pour faire respecter le droit, pour y faire cesser ce terrorisme d'Etat qu'est l'occupation militaire de territoires envers et contre le droit international.

Pour la paix, la société civile des Nations a besoin, non pas de recours à la violence et à la force, mais de solidarité, de vision pour l'avenir, de développement durable partagé, et de l'espoir d'une *justice sans limites,* sans les limites que lui opposent encore quelques nations puissantes.

Ni la Cour Internationale de Justice existante à La Haye, ni la Cour Pénale Internationale à venir, ni l'Europe, ses institutions et sa société civile, ne doivent s'aplatir devant les lobbies conjugués du pétrole, des armements, de la finance, des services secrets.

La prétention des Etats-Unis d'Amérique, via un Conseil de Sécurité instrumentalisé, à légitimer une riposte sans passer par un Juge, ne légitimerait-t-elle pas aussi ipso facto l'attentat de New York comme une riposte aux attentats des

Etats-Unis et alliés contre Tripoli, Beyrouth, Khartoum et Khost, Cana, Salman Pak, Dora… ?

Les articles des accords de San Francisco qui ont établi en 1945 le Conseil de Sécurité avec ses droits exclusifs de veto doivent être abolis. Sous le contrôle de l'Assemblée Générale des Nations Unies, et l'arbitrage d'une Cour Universelle de Justice, un Conseil Exécutif élu pourrait contribuer à gérer un Fonds international de Paix par la Justice et pour le Développement Durable partagé. Ce Fonds serait alimenté par une triple redevance mondiale, portant sur les consommations d'énergie, sur les productions d'armes et les mouvements de capitaux entre nations ou monnaies, ces 3 facteurs qui fondent et entretiennent les guerres, les violences, dont toutes nos frontières sont les cicatrices, cloisonnant l'humanité dans des cellules grillagées.

Pour la Rencontre Internationale d'Alger, 26-27 janvier 2001. « La contribution de la société civile à la lutte contre le terrorisme… ».

Le monde au cœur.

Dans notre vie, nos produits et consommations, notre voisinage, le monde est présent mais pas assez dans les propos et actions de nos hommes politiques. Ils n'ont pas osé remettre en cause un système mis en place en 1945 à la suite des deux grandes guerres qui avaient déchiré l'Europe, pour que l'empire pétrolier et financier américain s'assure le contrôle mondial du pétrole.

Nous exportons des machines, laissons manipuler des capitaux et des régimes, mais sans contribuer assez à développer la démocratie et le débat, la justice, la solidarité sociale, la protection de l'environnement, les formations professionnelles, dans les pays libérés du colonialisme depuis quelques décennies seulement. Avec des coûts de transport devenus minimes face à nos coûts de main d'œuvre, les opérateurs financiers d'une globalisation limitée aux marchés seraient forcément gagnants, contre les salarié(e)s de l'Europe et des pays tiers coincés dans leurs frontières, et au détriment de l'environnement.

La tomate de saison à Marmande est prise entre l'insipide fruit des serres sans soleil, chauffées au gaz russe en Hollande, et le produit de travailleuses sous–payées, transporté avant maturité par camions, de 3000 km plus au sud ! Le bon goût et la qualité, les terroirs, l'économie locale solidaire ont du mal à résister face à des publicitaires dominant les média et à des transnationales agro-alimentaires, qui altèrent sans gêne saisons et « Châteaux ».

Ce contrôle du pétrole, clé de la domination financière et militaire, nous a valu toutes les guerres qui durent en Palestine, en Iraq, en Tchétchènie, au Congo, en Afghanistan, sans oublier le Vietnam, le Biafra, les Malouines, sans qu'un système des Nations-Unies juste et efficace n'ait jamais pu contrecarrer l'impérialisme, et l'abus du veto américain. Depuis les propos publics de De Gaulle en 1967, justes et clairs, la France s'écrasait.

Le système du Conseil de Sécurité actuel doit être aboli et remplacé par un Conseil élu par l'Assemblé Générale des Nations Unies, et soumis à l'arbitrage de la Cour de Justice Internationale. La Cour pénale internationale devra pouvoir enquêter partout, y compris Pentagone, CIA, et comptes secrets. La non-transparence mène à la guerre.

Les victimes de ces guerres ont droit à des compensations sur un Fonds International de Paix par la justice et le Développement durable, qui collectera une triple redevance universelle sur les productions d'armes, les consommations d'énergie fossile, les mouvements de capitaux. Jamais plus 2 poids et 2 mesures !

L'argent hors de la politique.

La plupart des nos hommes politiques en vue ont longtemps toléré voire mis en œuvre des turpitudes pour assurer le financement de partis et clans politiques, sans assez dénoncer l'inflation des dépenses en politique. La gestion des affaires publiques à tous les niveaux doit être radicalement débarrassée de toute influence de l'argent. Les dépenses des partis et candidat(e)s devront être radicalement restreintes, pour ouvrir la vie politique à plus de professions et de situations, avec un statut de l'élu(e), pour une durée limitée !

Les pro de la seule politique, basta ! La République a besoin de mieux, de toutes les compétences et expériences.

L'élu politique responsable de ses propositions et de sa gestion.

La dissolution de l'indépendance et de la responsabilité des élus dans des machines partisanes dispendieuses a renforcé la pratique de confrontations au détriment du dialogue constructif requis pour trouver des solutions susceptibles de remporter une plus large adhésion, de consolider la société et de mieux préserver l'environnement. Un parti devrait œuvrer comme une école de formation permanente des élu(e)s et candidat(e)s, ouverte et séduisante, plutôt que comme la machinerie d'un conclave restreint chargé d'élaborer des programmes, tactiques, et messages de communication.

Passer d'un système de slogans testés par sondage, à un engagement responsable, comme dans le droit privé, cela requiert de placer un quitus en fin de mandat. Notre système électoral, y compris les modalités de financement de la vie politique, peut encore largement être amélioré. Il faut qu'il facilite la coopération plus que la confrontation, l'émergence d'équipes autour d'objectifs réalisables avec des moyens et étapes explicités.

Pour une cohabitation sans paralysie.

Entre la présidence et le gouvernement, il faut que puisse œuvrer discrètement un médiateur ou médiatrice, non éligible pendant 10 ans, pour éviter les blocages tragiques de la position de la France en cohabitation, qu'on a vus pendant la guerre Iraq Iran, l'affaire des otages au Liban, la soumission à la guerre du Golfe, expliquant aussi la passivité de la France, de 1993 à 2002, envers un embargo criminel maintenu sur l'Iraq, aujourd'hui encore, envers l'occupation violente, militaire et coloniale, des territoires palestiniens par l'Etat israélien, et la manipulation de la CIA en Afghanistan.

Consolider l'Europe, viser aux convergences des politiques.

Dans le cadre du processus de consultations en cours, la France doit inciter ses partenaires européens à placer l'environnement, les solidarités et la paix par la justice au cœur des objectifs et moyens d'une Europe riche de ses diversités. Face aux Etats-Unis inconscients des problèmes du monde, l'Europe doit s'affirmer et prendre les devants pour que soit mise en œuvre une bonne gouvernance de l'humanité. Pour répondre à l'espoir de tous, remettons à leur place suffisante les financiers et commerçants, redonnons priorité aux ressources humaines, à la qualité de la vie, dans un processus de décroissance des atteintes à l'environnement, de partage équitable.

Renforcer les coopérations civiles internationales.

S'il l'on définit les programmes avec les autorités, les professionnels et les sociétés civiles des diverses parties, la coopération internationale peut être un immense réservoir d'emplois pour toutes les parties, eux et nous ensemble pour le co-développement, durable et solidaire. Aussi bien les cadres en préretraite que les jeunes apprentis, des professeurs de lycée professionnel, des agricultrices bio, des syndicalistes, des animateurs de pépinières d'entreprises, ceux-là et bien d'autres pourront apporter leur part d'effort, apprendre du monde, échanger, enrichir des savoir-faire et faire savoir.

Les frontières ne sont que des cicatrices de l'histoire, qu'il faut dépasser, en s'y préparant de tous les côtés, dans le respect et la non-violence.

Ouvrir l'école vers les savoirs pratiques, l'entreprise, les collectivités et associations.

La société est le produit interactif de ses écoles, de ses valeurs sociétales et aussi de ses lacunes. L'école, laïque et républicaine, lieu d'acquisition des connaissances et la conscience citoyenne, libre creuset de l'intégration, devra continuer à s'ouvrir vers l'apprentissage du vivre ensemble, vers toute la société civile des entreprises, collectivités et associations, et aussi vers les savoirs pratiques utiles à tous et toutes.

Tout jeune devra avoir participé, en groupe pédagogique encadré, à la construction et gestion d'une auberge autonome en site rural, à la fabrication artisanale de meubles, de vêtements et de produits alimentaires, à la gestion d'un jardin bio d'insertion ou d'une ferme en polyculture-élevage. Il faudra ainsi rétablir chez les jeunes la perception critique des liens entre les comportements individuels et collectifs, les prélèvements sur les ressources et les atteintes à l'environnement ; ainsi vivre la nécessaire cohérence entre objectifs, moyens et organisation, et être exposé à l'heureuse diversité des réussites professionnelles.

Cela semble un correctif requis face à la vie urbaine moderne, où les multiples réseaux d'eau, d'électricité, de télécommunications, de santé et de transports publics ne révèlent pas du tout à l'usager jeune leur pesant de coûts d'investissement et d'exploitation. Il faut ouvrir les cœurs à l'ouvrage, individuel et collectif.

Refonder toute la fiscalité sur des redevances compensatoires de pollutions, et sur la solidarité.

Le système fiscal français, complexe et taxant surtout l'activité, manque de lisibilité et de caractère incitatif. Il faut entreprendre avec détermination sa refonte, avec les transitions nécessaires, et en concertation européenne, en visant à ne maintenir que quelques objectifs fondamentaux complémentaires : la préservation de l'environnement, la redistribution de solidarité (impôt progressif sur le revenu, et sur la fortune, impôt sur les bénéfices et plus-values réalisées).

Il faut organiser la restitution aux collectivités des plus values générées par les investissements publics d'aménagement. Toutes les pollutions et risques doivent générer des redevances affectées pour l'essentiel à l'action environnementale, à la qualité de l'espace public ; les fonds collectés seront répartis aux divers niveaux territoriaux requis pour l'action publique, réglementaire et aménageuse.

En parallèle de nombreuses taxes de faible rapport, dérogations et particularités seront supprimées pour simplifier le système fiscal, la gestion administrative des entreprises et renforcer la délégation territoriale, faciliter la coopération des collectivités territoriales.

Priorité aux déplacements les plus propres.

Longtemps occultée, la pollution de l'air par les carburants sera combattue par cette fiscalité et en donnant priorité partout selon des critères d'émissions par personne.km ou tonne.km transportée. Ainsi en ville les couloirs et voies prioritaires seront ouverts aux véhicules privés transportant 3 personnes et plus. Pour les taxis, on introduira un compteur multi-tarifs pour faciliter le covoiturage volontaire, triplement avantageux. Les réseaux de transports collectifs auront accès à des dotations des Fonds pour l'environnement.

Le kérosène d'aviation sera enfin justement taxé pour élargir le transfert avion-train. Pour réduire les embouteillages aux sorties des grandes villes on développera l'usage du véhicule électrique de jonction entre habitats et gares De même pour les rabattements coordonnés sur réseaux en milieu rural, et pour la distribution des marchandises entre entrepôts, gares et commerces de proximité, après concertation et aménagement des accès.

Ainsi des routiers au long cours deviendront des livreurs familiers des quartiers calmes, conduisant des véhicules ni bruyants ni polluants, et d'autres routiers pourront prendre les trains ou attendre les péniches.

Mieux aménager les services.

Dans le cadre de la priorité environnementale, l'urbanisme intégrera mieux la politique de déplacements et les réseaux de chaleur, afin de réduire les émissions provoquées par les villes. Pour réduire la dépendance excessive par rapport au nucléaire, au pétrole ou au gaz, en renforçant l'économie régionale et locale, en créant des emplois durables et diversifiés avec peu de capitaux, les réseaux de chaleur alimentés par l'énergie bois seront développés avec les collectivités territoriales dans les régions à fort besoin de chauffage, tandis que les grands agriculteurs seront invités à replanter et exploiter des haies, à restaurer des paysages et écosystèmes.

Partout la réhabilitation thermique des logements et l'insertion raisonnée des énergies renouvelables, aussi créatrice d'emplois durables et qualifiés, l'efficacité énergétique des appareils ménagers, la réduction des déchets et le recyclage, les services de proximité, tout cela sera dynamisé par une réglementation renforcée pour les objectifs et par la fiscalité réformée pour l'environnement. Ainsi dans nos grandes villes polluées par les émissions, une bonne part des coûts de ravalement devra être mise à charge des Fonds pour l'environnement, collectant les redevances d'émissions.

Libérons les initiatives en concertation, clarifions le droit à aménager et construire, en respectant l'environnement et les voisins !

Concilier libertés et solidarités.

Entre les âges de la vie, les quartiers et pays, les catégories socio-professionnelles, les profils de culture, il faut que les solidarités actives et volontaires soient facilitées. Les associations ont un rôle carrefour entre administrations, collectivités, entreprises et ménages, pour assurer avec souplesse et efficacité des services de proximité, en complémentarité avec les autres acteurs. Pour faciliter et clarifier le partage du temps entre diverses activités, des espaces associatifs seront encouragés au sein des lieux du travail salarié et ainsi que des « maisons des associations » auprès des collectivités territoriales.

Il sera développé un cadre légal adapté à la pluri-activité, au télétravail, aux formes nouvelles de partage du temps et d'association temporaire de compétences et ressources. Le droit de chaque personne à la formation répartie, initiale, de perfectionnement et/ou conversion sera un droit constitutionnel, avec des modalités pratiques et la liberté de transférer ses droits aux personnes de son choix. Plus de flexibilité sera mise dans l'application des 35 heures. Il sera établi pour chaque salarié(e) volontaire un compte-temps de formations données et reçues, pour dynamiser les procédures d'insertion professionnelle et de qualification, et aussi d'échanges d'expérience entre secteurs privé, associatif, public et de collectivité territoriale.

La politique, le droit et la fiscalité de la famille et de l'habitat seront rénovés pour mieux s'adapter à la société moderne : faciliter les changements et la flexibilité sans aggraver les douleurs. En particulier les taxes à l'achat de logement, sans justification, seront supprimées. Des procédures conventionnelles devront permettre aux salarié(e)s les échanges de droits liés à l'ancienneté pour faciliter les changements d'employeurs visant à rapprocher habitats et lieux de travail.

L'assiette des cotisations sociales sera profondément modifiée, et les taux restructurés, pour mieux assurer à la fois la correspondance par rapport aux causes statistiques, environnementales et étiologiques des problèmes de santé et l'incitation personnelle ou familiale à des comportements raisonnables dans les dépenses. Si la solidarité est requise, l'irresponsabilité ne doit pas être illimitée.

Après intense concertation européenne sur l'harmonisation progressive des fiscalités de l'épargne, des revenus et des bénéfices la taxation des transmissions de patrimoine personnel et professionnel ne commencera qu'à partir d'un niveau relevé, par exemple à 10 ans de SMIC par héritier direct, y compris les donations décennales effectuées.

Les inquiétudes latentes et entretenues chez nous, entre lieux et générations, ne sont que les reflets des contradictions et insuffisances de notre vision sur la planète et l'humanité, résultant trop souvent d'un simple déficit de connaissance mutuelle directe. Assumons mieux notre passé, enrichissons nous de la diversité de nos quartiers, régions, pays, langues et cultures mais toujours sans porter le moins possible d'atteintes à l'environnement, et en agissant toujours dans l'intérêt mutuel, par le dialogue et non la domination.

Il suffit de parcourir le monde pour voir que la France et l'Europe sont une espérance. A nous de développer et partager nos atouts pour un monde vivable.

Paris, 8 mars 2002, diffusé à 400 maires en France.

Epilogue : La guerre de 14 va t'elle bientôt finir ?

Le gouvernement dit « républicain » des Etats-Unis a porté le budget 2004 du Pentagone à 400 milliards de dollars, et le déficit budgétaire à 307 milliards de dollars. Le déficit cumulé du Trésor américain est près d'atteindre 6400 milliards de dollars, touchant ainsi au plafond légal autorisé par le Congrès. Cette dette colossale représente 2 à 3 ans de subsistance de la moitié la plus pauvre de l'humanité, qui survit avec 2 euros par personne et par jour. L'hyperpuissance militaire américaine est fondée sur une esbroufe et un chantage. Après la chute de 2 colosses aux pieds d'argile Enron et Worldcom, le risque de nouveaux cracks financiers subsiste, mais les gouvernements hésitent à rénover et améliorer la régulation mondiale de la sphère financière. Tant d'intérêts particuliers sont en jeu !

Le Protocole de Kyoto agréé en 1997, visant à réduire les consommations d'énergie fossile, sera mis en vigueur courant 2004 car un grand nombre de pays cumulant plus de 55% des émissions de CO_2 l'ont ratifié. G.W. Bush a répété qu'il n'en voulait pas. Le mode de vie américain ne serait pas négociable ! Et pourtant dès qu'ils s'attardent à visiter l'Europe, les américains découvrent que l'on y vit mieux que chez eux. Les Etats-Unis émettent à eux seuls le quart des gaz à effet de serre qui affecteront de plus en plus gravement le climat de la planète. Bien des objectifs de Kyoto pour la réduction des émissions d'ici 2010 ne seront pas atteints.

Suite au traité de Rome, la Cour Pénale Internationale a vu élire ses juges, et aura bientôt son procureur. Le gouvernement actuel des Etats-Unis travaille à s'en prémunir, pour mettre ses militaires et fonctionnaires à l'abri de poursuites pour crime de guerre ou crime contre l'humanité.

Ainsi, à l'initiative de l'Europe, le monde s'organise pour la justice et l'environnement par dessus des frontières, mais encore sans la participation des américains gaspilleurs et impériaux. L'unilatéralisme des Etats-Unis et leur aveuglement viendrait-il de leur isolement continental, de leur illusion d'autosuffisance, ou même de leur absence de mémoire de la guerre sur leur sol ? Ou tout simplement des mécanismes de collusion entre le Big Business des armes, du pétrole et des finances et les pouvoirs politiques, dans une société qui n'a pas encore su réduire les dépenses électorales. Le jour approche où le pétrole sera coté en euro par m3 et non plus en dollar par baril. Dès lors les Etats-Unis ne pourront plus aussi facilement aggraver leur déficit budgétaire pour renforcer leurs programmes militaires. La rente symbolique du dollar a été aussi destructrice que la rente pétrolière ailleurs, en oblitérant les régulations internes d'un pays, les compromis requis entre pouvoir, économie et société.

Le paradoxe de Condorcet indique qu'une petite fraction déterminée de l'électorat peut facilement faire basculer la majorité d'un camp à l'autre, en faisant prendre position aux deux candidats pour un enjeu particulier. Aux dernières élections présidentielles américaines, les deux candidats G.W. Bush et Al Gore étaient au coude à coude dans les sondages. Ils ont dépensé à eux deux près d'un milliard de dollars. Bush a été élu presque par hasard avec une majorité contestable ; il est très probablement prisonnier d'un engagement de dernière heure avec un groupe d'influence. Son entourage a des liens étroits avec le monde pétrolier et le Pentagone. Il serait sans doute lui-même abusé par les discours qu'on lui prépare, tant il a peu d'expérience directe de ce qu'il évoque. Même si dès 1956 il a vu un derrick pétrolier quand son papa Bush l'emmenait à une inauguration de la Zapata Offshore Co[1], même s'il connaît désormais le président du Pakistan, G.W. Bush n'a pas encore parcouru comme Bill Clinton le dur chemin de Damas à Jérusalem en passant aussi par la route, la vallée du Jourdain et les camps palestiniens de 1948 et 1967.

L'Europe saura-t-elle affirmer la prééminence des voies pacifiques pour le règlement juste, complet et durable des conflits au Moyen-Orient, qu'elle a contribué à créer par la Grande Guerre 1914-18, ses traités de paix et les Mandats ?

En 1991 nul n'aurait imaginé que l'embargo imposé à l'Iraq aurait pu être maintenu plus de 12 ans encore après le cessez le feu entre la coalition dirigée par les Etats-Unis et l'Iraq, sauf peut-être les stratèges qui avaient déclaré vouloir ramener ce pays à l'âge de pierre. Qui répondra un jour aux ayant droits du million de victimes civiles ? La résolution du 3 avril 1991 avait permis aux Etats-Unis de mettre un verrou sur l'Iraq : il faut une autre résolution pour lever les sanctions, et ainsi le droit de veto américain leur a permis de les maintenir. Le président français, instruit par l'expérience, a joué de même : la résolution 1441 du 8 novembre 2002 prévoit le retour devant le Conseil de Sécurité pour une autre résolution qui pourrait décider du recours à la force selon le chapitre VII de la Charte. La France peut ainsi opposer son veto à ce recours à la force dans le contexte des Nations Unies.

---

[1] Daniel Yergin, *Les Hommes du pétrole*, t2, Stock 1992

Selon les sondages plus de ¾ des européens sont opposés à une guerre telle que le pouvoir américain l'a voulue et préparée depuis longtemps. G.W. Bush s'est mis dans une impasse : soit il détruit le système des Nations Unies, sans parler des ravages en Orient, soit il se détruit. Cette crise doit être le signal pour repenser tout le système de gouvernance du monde, sur une base de justice globale et de développement durable partagé. Et dans une suite logique et enfin acceptable par ceux qui étaient désignés comme « *les peuples attardés* » lors des traités de Versailles, les peuples libérés alors de l'Empire ottoman, on pourra voir se dessiner partout la construction de vraies démocraties, libérées de l'argent, assumant la parité et la laïcité.

Les dérives actuelles communautaristes, régionalistes, et violentes, ne sont que le produit de l'absence de perspective positive, et bien souvent de manipulations. Pour en sortir, il faudrait que les frontières soient transcendées par une espérance nouvelle : que la justice et l'histoire du monde ne soient plus seulement celles des vainqueurs. Ce qui relierait à nouveau les hommes et les femmes dans cette vaste humanité, à travers la fumée, c'est la continuité de ce qui les porte, la terre, et la conscience de la fragilité de sa très mince couche d'atmosphère et de verdure.

Nos religions anciennes sont nées de crises très locales, de guerres tribales en Judée et Samarie, en Palestine sous l'occupation romaine qui coupait peu à peu tous les arbres et ainsi ruinait les artisans, puis dans le Hedjaz en proie à des querelles du commerce à longue distance. Ce qui peut aujourd'hui relier l'humanité, c'est une conscience commune de la nécessité de préserver et restaurer l'environnement : voilà la bonne nouvelle pour demain. Le monde au cœur.

A Paris, février 2003.

Bibliographie sélective

ACHCAR, Gilbert. *Le Choc des barbaries. Terrorismes et désordre mondial.* Bruxelles : Ed. Complexe, 2002, 166p.

AL-ADHIMI, M.M.. *Documents of the Iraqi origin of Kuwait.* Bagdad : Min. of Culture and Information.

BABAKHAN, Ali. *L'Irak, 1970-1990. Déportation des chiites.* Paris, 1994, 237p, bibliog. , index.

BAER, Robert. *La chute de la CIA.* Paris : J.C. Lattès, 2002, 392p.

BALTA, Paul. *Le conflit Irak-Iran 1979-1989.* Paris : La Doc. Française, 1989, (N.E.D. n° 4889), 142p, bibliographie.

BAREILLES, Roland. *Le crépuscule ottoman. 1875-1933. Un Français chez le dernier grand sultan.* Toulouse : Editions Privat, 2002, 366p, bibliog. , index.

BENOIST-MECHIN. *Le Roi Saud, ou l'Orient à l'heure des relèves.* Paris : Ed. Albin Michel, 1960, 575p.

BATATU, Hanna. *The old Social Classes and the Revolutionnary Movements of Iraq.* Princeton : Princeton Univ. Press, 1978, 1283p, bibliog. , index.

BSERENI, Alice. *Irak, le complot du silence. Essai.* Paris : L'Harmattan, 1997, 189p, bibliographie.

BSERENI, Alice. *Chroniques de Bagdad 1997-1999. La guerre qui n'avoue pas son nom.* Paris : L'Harmattan, 2000, 241p.

CALVI, Fabrizio & PFISTER, Thierry. *L'œil de Washington.* Paris : Albin Michel, 1997, 365 p, bibliographie.

CARMEL, Hesi & DEROGY, Jacques. *Le siècle d'Israël. Les secrets d'une épopée 1895-1995.* Paris : Fayard, 1994, 854p, index.

CLARK, Ramsey. *The Fire This Time. U.S. War Crimes in the Gulf.* New York : Thunder's Mouth Press, 1992, 325p, bibliog. , index.

COLLON, Michel. *Attention Médias. Les médiamensonges du Golfe. Manuel anti-manipulation.* Bruxelles : EPO, rééd.1994, 304p.

COOLEY, John K. . *CIA et Jihad 1950-2001. Contre l'URSS, une désastreuse alliance.* Paris : Autrement, 2002, 288p, index.

CORM, Georges. *Le Proche-Orient éclaté 1956-2000.* Paris : Gallimard Folio, 1999, 1068p, index, bibliographie.

DAUPHIN, Jacques. *Incertain Irak. Tableau d'un Royaume avant la tempête 1914-1953.* Paris : Geuthner, 1991, 266p.

DEMOCRATIC PRINCIPLES WORKING GROUP. *The transition to Democracy in Iraq.* Final report. London, Nov. 2002, 102p.

EL HAJJ, Aziz. *L'Irak nouveau et le problème kurde. Essai politique.* Paris : Editions Khayat, 1977, 168p, bibliographie.

FAYÇAL, Ghazi. *L'Irak et le non-alignement.* Paris : EMA, 1982, 183p, bibliographie.

FRIEDMAN, Alan. *Spider's Web.* London-Boston : Faber & Faber, 1993, 455p, notes bibliog. , index.

FROMKIN, David. *A peace to end all peace*. The fall of the Ottoman Empire and the creation of the modern Middle East. New York : Avon Books, 1990, 635p, bibliog. , index.

GALLOIS, Pierre Marie. *Le sang du pétrole. Irak. Essai de géopolitique.* Lausanne : L'âge d'homme, 1996, 309p.

GEORGE, Lloyd. *Mémoires de guerre.* Paris : Fayard, 1934, 516p.

GLUBB, Pasha. *Britain and the Arabs. A Study of Fifty Years 1908-1958.* London : Hodder and Stoughton, 1959, 496p, index.

GRESH, Alain. *Israël, Palestine. Vérités sur un conflit.* Paris : Fayard, 2001, 204p, bibliog.

HAGHIGAT, Chapour. *Histoire de la guerre du Golfe.* Bruxelles : Ed. Complexe, 1991, 479p, bibliog. , index.

HOWARTH, David. *The desert King. A life of Ibn Saud.* Beyrouth : Librairie du Liban, 1964, 252p, bibliog. , index.

HERZL, Theodor. *Der Judenstaat.* Zürich : rééd. Manesse V., 1997, 115p. (Leipzig-Wien 1896).

HERZL, Theodor. *Journal 1895-1904, morceaux choisis et présentés par Roger Errera.* Paris : Calmann-Levy, 1990, 414p.

HILLEL, Shlomo. *Le souffle du Levant.* Paris : Hatier, 1989, 285p.

HOKAYEM, Antoine et BITTAR, Marie Claude. *L'empire ottoman, les arabes et les grandes puissances 1914-1920.* Beyrouth : Ed. Univ. Du Liban, 1981, 384 + 45p, index, carte.

HOOPER, Charles A.. *L'Iraq et la Société des Nations.* Paris : Pedone, 1927, 112p.

HUSSEIN, Saddam. *Le mouvement des Non Alignés, comment nous le comprenons.* Discours au Sommet La Havane de sept.1979. Bagdad, 1980, 42p. (en arabe).

IMA. *Vingt-trois plans de paix pour une guerre.* Paris : IMA Centre de documentation, 1991.

MINISTERE CULTURE ET INFORMATION : *Révolution et développement en Iraq.* Bagdad. 1980, 140p.

KHADDURI, Majid. *The Gulf War. The origins and implications of the Iraq-Iran Conflict.* Oxford : Oxford UP, 1988, 236p, index.

KODMANI-DARWISH, Bassma & CHARTOUNI-DUBARRY, May. *Golfe et Moyen-Orient ; les conflits.* Paris : IFRI-Dunod, 1991, 154p, bibliographie.

KUNIHOLM, Bruce R. . *The Origins of the Cold War in the Near East.* Princeton : Princeton Univ. Press, 1980, réédition 1994, 509p, bibliog. , index.

KUTSCHERA, Chris. *Le mouvement national kurde.* Paris : Flammarion, Paris, 1979, 368p, notes bibliog.

KUTSCHERA, Chris. *Le défi kurde.* Paris : Bayard Ed., 1997, 352p, bibliog. , index.

LABEVIERE, Richard. *Les dollars de la terreur.* Les Etats-Unis et les islamistes. Paris : Grasset, 1999, 431p.

LAQUEUR, Walter. *Histoire du sionisme 1.* Paris : Gallimard, 1994, 500p.

LAURENS, Henry. *Le grand jeu. Orient arabe et rivalités internationales.* Paris : Armand Colin, 1991, 448p, bibliog. , index.

LAURENS, Henry. *1917-1920, Les « Alliés » et la question de Palestine.* Paris : REP n° 50, 1994.

LAURENS, Henry. *Paix et guerre au Moyen-Orient.* Paris : Armand Colin, 1999, 560p, bibliog. , index.

LAURENS, Henry. *La question de Palestine.* Paris : Fayard, 1999 : t1 1799-1922. 719p, 2002 : t2 1922-1947, 703p, notes bibliog. , index.

LONGRIGG, Stephen & STOAKES Frank. *Iraq.* New York : Frederick A. Praeger, 1958, 256p.

LUIZARD, Pierre-Jean. *La formation de l'Irak contemporain. Le rôle politique des ulémas chiites.* Paris : Ed. CNRS, 1991, 557p, bibliog. , index.

LUIZARD, Pierre-Jean. *La question irakienne.* Paris : Fayard, 2002, 366p, bibliog. , index.

MAJID, Majid A.. *L'émergence d'un état à l'ombre d'un empire : Irak – Grande-Bretagne.* Paris : Publications Sorbonne, 1996, 351p.

MAMERE, Noël & FARBIAZ Patrick. *Dangereuse Amérique.* Paris : Ramsay, 2003, 301p.

MASALHA, Nur. *Expulsion of the Palestinians.* Washington : Inst. Palestinian Studies, 1999, 235p, bibliog. , index.

McDOWALL, David. *A modern history of the Kurds.* London : Tauris, 1996, 472p, notes bibliog. , index.

MEJCHER, Helmut. *Imperial Quest for Oil : Iraq 1910-1928.* London : Ithaca Press, 1976, 199p, bibliog. , index.

MONTEIL, Vincent-Mansour. *Lawrence d'Arabie, le lévrier fatal 1888-1935.* Paris : Hachette, 1987, 330p, bibliog. , index.

NAKASH, Yitzhak. *The Shi'is of Iraq.* Princeton : Princeton UP, 1994, 312p, bibliog. , index.

NOUSCHI, André. *Pétrole et relations internationales depuis 1945.* Paris : Armand Colin, 1999, 269p, bibliog. , index.

PARTI BAATH. *The 1968 Revolution in Iraq. Experience and prospects. Report 8th Congress, 1-1974.* London : Ithaca Press, 1979, 176p.

PICARD, Elisabeth (sous la direction de). *La question kurde.* Bruxelles : Ed. Complexe, 1991, 162p, bibliog.

PICAUDOU, Nadine. *La décennie qui ébranla le monde. 1914-1923.*

PICAUDOU, Nadine. *Les palestiniens, un siècle d'histoire.* Bruxelles : Ed. Complexe, 1997, 335p, bibliog. , index.

RATHMELL, Andrew. *The Covert Struggle for Syria, 1949-1961. Secret War in the Middle East.* London-New York : Tauris, 1995, 246p, bibliog. , index.

RAVIV, Dan Raviv & MELMAN, Yossi. *Tous les espions sont des princes.* Paris : Stock, 465p, notes bibliog. , index.

RIHANI, Ameen. *Ibn Sa'oud of Arabia.* New York : Caravan Books, 1983, 370p, index.

RIVERS PITT, William. *Entretien avec Scott Ritter. Guerre à l'Irak. Ce que l'équipe Bush ne dit pas.* Paris : Le Serpent à plumes, 2002, 135p.

SAADOUN, Nassra Al. *Le bateau des femmes arabes pour la paix.* Paris : L'Harmattan, 1996, 112p.

SANBAR, Elias. *Palestine 1948 L'expulsion.* Paris : Rev. Etudes Palestiniennes, 236p, bibliog.

SCHIFF, Ze'ev & YA'ARI Ehud. *Israel's Lebanon War.* New York : Simon and Schuster, 1984, 320p, index.

SFAR, Mondher. *Le spectre du terrorisme. Déclarations Interviews Témoignages sur Oussama Ben Laden.* Paris : Ed. Sfar, déc. 2001, 237p.

SHERMAN, A. J.. *Mandate Days. British Lives in Palestine 1918-1948.* London : Thames and Hudson, 1997, notes bibliog. , index.

SIMONS, Geoff. *Iraq from Sumer to Saddam.* London : Macmillan, 1996, 444p, bibliog. , index.

SIMPSON, Anthony. *The seven Sisters.* Hodder and Stoughton, 1975, 369p, (Coronet Book 1976).

SOURESRAFIL, Behrouz. *The Iran-Iraq War.* London : CC Press, 1989, 171p, bibliog.

SOUTOU, George-Henri. *L'or et le sang. Les buts économiques de la Première Guerre Mondiale.* Paris : Fayard, 1989, 963p, bibliog. , index.

STERN, Brigitte, et autres. *Guerre du Golfe : le dossier d'une crise internationale 1990-1992.* Paris : Doc. Française, 1993, 628p, bibliog. , index.

STERNHELL, Zeev. *Aux origines d'Israël. Entre nationalisme et socialisme.* Paris : Fayard, 1996, 586p, notes bibliog. , index.

TAHERI, Amir & WAJSMANN, Patrick, présenté par. *Irak, le dessous des cartes.* Bruxelles : Ed. Complexe, 2002, 332p.

TAHIR, Alaa. *Irak, aux origines du régime militaire.* Paris : L'Harmattan, 1989, 320p, bibliographie.

TIMMERMAN, Kenneth R.. *The death lobby. How the West armed Iraq.* Bantam books, 1992, 573p.

TOWER COMMISSION. *The Tower Commission Report. President's special review board.* New York Times, 1987, 550p.

VANLY, Ismet Cheriff. *Le Kurdistan irakien, entité nationale. Etude de la révolution de 1961.* Neuchâtel : Ed. de la Baconnière, 1970, 418p, bibliog.

VARNEY, Marie de. *L'Iraq du silence.* Paris : Balland, 1992.

VASSILIEV, Alexei. *The history of Saudi Arabia.* London, Saqi Books, 1998, 576p, bibliog. , index.

WILSON, Jeremy. *Lawrence d'Arabie.* Paris : Denoël, 1994, 1288p, notes bibliog. , index.

YERGIN, Daniel. *Les hommes du pétrole.* t1 *Les fondateurs 1859-1945,* t2 *Les maîtres du monde 1946-1991.* Paris : Stock, 1992, 563p + 573p, bibliographie.

YINON, Oded. *Stratégie pour Israël dans les années 80.* In : Paris, REP n°5, Automne 1982, p73-83.

Achevé d'imprimer par Corlet Numérique - 14110 Condé-sur-Noireau
N° d'Imprimeur : 12168 - Dépôt légal : avril 2003 - Imprimé sur DemandStream
Imprimé en UE